MOSAÏQUE

FRAN SOLER

MOSAÏQUE

TECHNIQUES ET APPLICATIONS

evergreen

Avertissement

La mosaïque pouvant être une activité dangereuse, les lecteurs sont priés de suivre les consignes de sécurité et de porter des vêtements et des lunettes de sécurité à tout moment de la préparation des tesselles et de la réalisation de la mosaïque. L'auteur et l'éditeur déclinent toute responsabilité relative aux blessures ou pertes qui pourraient survenir lors de l'utilisation des matériaux décrits dans cet ouvrage.

EVERGREEN is an imprint of Benedikt Taschen Verlag GmbH

Traduction : Delphine Nègre pour Libris, Grenoble
Rédaction et réalisation de l'édition française :
Libris, Grenoble

Printed in Singapore
ISBN 3-8228-6979-1

Sommaire

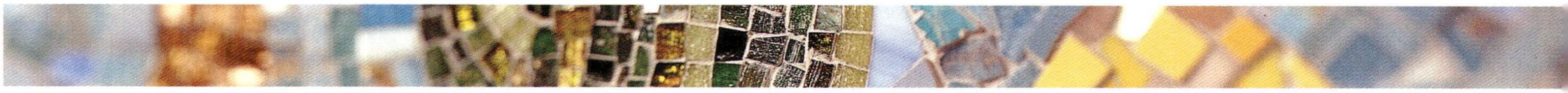

Chapitre 2 : Mosaïque en pratique

INTRODUCTION

La mosaïque est un assemblage décoratif utilisant des tesselles – fragments de verre, de marbre, de terre cuite ou de pierre – juxtaposées pour créer des scènes figuratives ou des motifs. Art exploré depuis la nuit des temps dans une infinité de sujets, de matériaux, de couleurs et d'applications, la technique de la mosaïque n'a guère évolué au cours des siècles. Elle a su résister à l'épreuve du temps, et jouit aujourd'hui d'un regain d'intérêt dans différents domaines de la création artisanale contemporaine.

Cette mosaïque italienne du VIe siècle, à Saint-Apollinaire-le-Neuf, montre l'extraordinaire degré de détail obtenu par la juxtaposition de diverses pierres aux tons naturels.

L'histoire de la mosaïque est quelque peu chaotique : florissante à certaines époques, elle tombe dans l'oubli pendant des siècles, pour réapparaître, remise au goût du jour par des civilisations sans aucun lien apparent. Les premières mosaïques, représentant des motifs relativement simples constitués de galets, ont été découvertes en Asie Mineure et dans les jardins de la Chine ancienne. Au fil du temps, les galets sont devenus de plus en plus petits, permettant des motifs et des images d'un grand raffinement. Placés très près les uns des autres pour plus de détail, certains sont peints pour accroître la gamme des couleurs, et, plus tard, les contours sont rehaussés de plomb.

Les tesselles ont été introduites aux environs du IVe siècle avant J.-C. Fragments de pierre naturelle taillés en cubes, elles permettaient une disposition très rapprochée et des compositions d'une grande finesse. Les premières mosaïques associaient la décoration pratique et l'expression artistique. Les Grecs ont commencé à utiliser des galets pour créer des pavements ; les Aztèques, quant à eux, se servaient de la mosaïque pour couvrir des objets cérémoniels de pierres précieuses. Les autels et les mosaïques extérieures de Pompéi auraient été réalisés pour donner une impression d'espace dans les petits jardins. Les églises byzantines étaient couvertes d'éblouissantes mosaïques figurant des icônes religieuses, des scènes bibliques et des représentations du Paradis.

Tandis que les empires successifs s'étendent par les conquêtes, le commerce ou la religion, la mosaïque connaît un essor croissant. Les techniques s'améliorant et les artisans voyageant et transmettant leur art, la mosaïque gagne tous les continents pour se répandre dans le monde entier. La micromosaïque, minuscules tesselles étroitement jointes, prospère pendant la Renaissance. Bien que d'une grande technicité, le genre semble manquer d'un petit quelque chose, s'apparentant plus à de la « peinture en pierre » qu'à l'idée que nous nous faisons de cet art aujourd'hui.

La mosaïque connaît un surcroît de popularité au début du siècle, avec l'intérêt grandissant pour les arts décoratifs. L'Art nouveau utilise la mosaïque à des fins purement décoratives, et cet engouement touche les artistes comme les architectes. L'un des plus grands architectes du XXe siècle, Antonio Gaudí, porte la mosaïque à son apogée en couvrant les bâtiments, les bancs publics et même les toits de Barcelone d'une multitude de petits carreaux multicolores, créant un style dont se sont inspirés de nombreux mosaïstes.

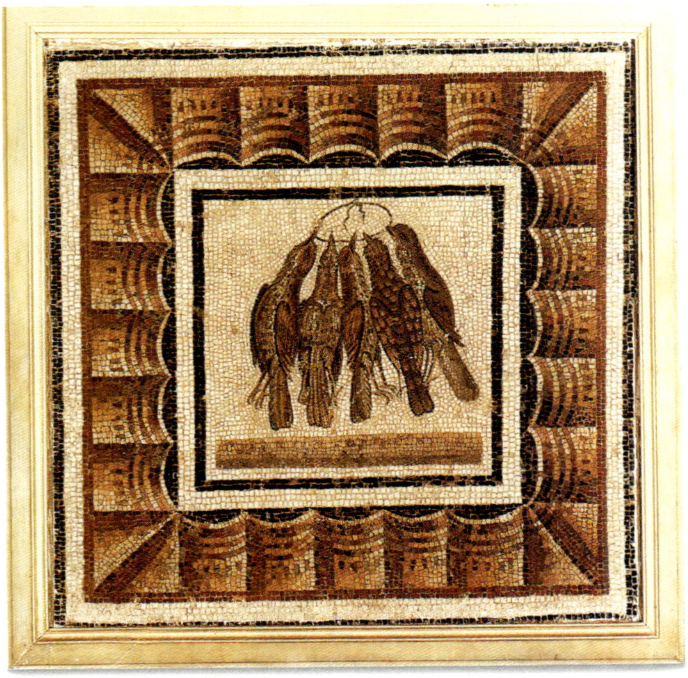

Détail d'une mosaïque de la mosquée du Shāh, à Ispahan. Les jolis détails abstraits de la mosaïque islamique étaient souvent faits de pièces taillées et assemblées de façon à former des motifs d'une grande complexité.

Cette mosaïque intérieure, réalisée par les Romains à el-Djem, en Tunisie, présente un contraste intéressant entre la bordure abstraite et le réalisme des grives.

Pendant et quelque temps après les deux guerres mondiales, l'art de la mosaïque est négligé. Les années 50 assistent à une renaissance peu inspirée de la mosaïque architecturale dans toutes sortes d'environnements utilitaires. Mais elle réussit à sortir indemne de la vogue qui consistait alors à couvrir le moindre recoin de carreaux de piscine ternes et sans expression, et jouit aujourd'hui d'un regain de popularité, dans l'architecture comme dans les œuvres d'art publiques. Au cours des siècles, les règles ont changé, et la mosaïque ne doit plus se conformer à certains idéaux ; l'artiste jouit d'une totale liberté d'expression et de l'accès à une variété de matériaux et de couleurs jamais imaginée par ses prédécesseurs.

Il existe une multitude de mosaïques anciennes et modernes dont vous pourrez vous inspirer. En regardant autour de vous, vous découvrirez que la mosaïque ne s'arrête pas aux revêtements d'après-guerre, aux quartiers commerçants des années 70 ou aux lugubres couloirs de métro encore existants. Les exemples et les idées proposés dans cet ouvrage ne sont que la partie émergée de l'iceberg ; les possibilités sont infinies. Vous trouverez dans ces pages des idées et conseils pour créer vos propres mosaïques. C'est un art à la portée de tous, donnant des résultats spectaculaires grâce à quelques techniques simples. Mais le secret de la mosaïque réside avant tout dans votre créativité. Donnez libre cours à votre imagination, inspirez-vous des objets qui vous entourent, utilisez les matériaux les plus divers et les assemblages de couleurs les plus insolites, ou laissez-vous simplement guider par les tesselles. Il n'y a pas de solutions de rattrapage, de raccourcis ou de miracles : la mosaïque est un travail intime, une entreprise personnelle, qui vous procurera une réelle satisfaction. Au début, cela peut sembler difficile et frustrant, mais, avec un peu d'entraînement et beaucoup de patience, vous vous passionnerez pour cet art thérapeutique et captivant.

Cette frise géométrique provient du mausolée de Galla Placidia, à Ravenne, en Italie. Par ses couleurs vives et l'impression de relief, elle semble résolument moderne, mais date en réalité de l'Empire byzantin.

Entrée en matière

Vous n'avez pas besoin de beaucoup de matériel pour commencer votre première mosaïque : un dessin simple, quelques vieux carreaux et peu d'outils. Vous découvrirez vite que la mosaïque est un art à la fois passionnant et peu coûteux. Accessible à tous, il donne des résultats spectaculaires, avec des techniques relativement simples. Mais soyez prévenu : une fois que vous aurez entamé la réalisation de votre première mosaïque, vous ne pourrez plus vous arrêter !

Outils et matériaux

Tesselles

Il faut un grand nombre de tesselles – du romain *tessera,* signifiant « cube » – pour composer une mosaïque. Les tesselles sont issues de divers matériaux, chacun doté d'une qualité propre qui donne tout son cachet à la mosaïque.

Smalts (ou émaux)

Matériau classique de la mosaïque, ces petits pavés rectangulaires en verre italien artisanal sont coûteux, mais existent dans une vaste gamme de couleurs lumineuses. De taille peu variable – généralement 10 x 15 mm environ –, ils présentent des épaisseurs irrégulières qui les rendent impropres aux travaux requérant une surface plane, tels les sols. Toutefois, c'est cette irrégularité qui réfléchit la lumière et fait scintiller la mosaïque. C'est également en raison de leur surface inégale que les smalts ne sont généralement pas jointoyés, conformément à la théorie selon laquelle les smalts pressés sur la colle font ressortir celle-ci dans les joints, créant une sorte de mortier. Pour couvrir une surface de 30 x 30 cm, il vous faudra environ 1,35 kg de smalts.

Smalts d'or et d'argent

Largement utilisés par les artisans byzantins pour les icônes, ces émaux, également en verre italien artisanal, sont revêtus d'une feuille d'or ou d'argent véritable. Leur surface est unie, plane ou irrégulière, et ils peuvent être utilisés avec succès à l'envers, révélant le dessous vert brillant de l'or ou le dessous bleu brillant de l'argent. Bien qu'ils soient plus onéreux que les smalts traditionnels, leur emploi, même parcimonieux, apporte un éclat inimitable aux mosaïques un peu ternes et les transforme en véritables œuvres d'art.

Pâtes de verre

Ces carreaux de pâte de verre sont manufacturés en carrés réguliers. La face externe est lisse et plane, tandis que l'envers présente des rainures favorisant l'adhérence. Fins, plats et faciles à couper, ils constituent un matériau idéal pour les débutants. Ils donnent également une surface plane, et conviennent à toutes sortes de projets. Les carreaux en pâte de verre sont disponibles dans plusieurs coloris, en vrac ou collés sur des feuilles de papier kraft.

Grès cérame

En argile vitrifiée, ces tesselles n'existent que dans une gamme limitée de couleurs mates, telles que les bruns, ocres, rouille, noir et blanc. Elles sont très résistantes, et conviennent donc aux sols, mais peuvent tacher si elles ne sont pas correctement vernies. On les achète en vrac ou en feuilles.

Carreaux de faïence

La variété de couleurs, de textures et de motifs des carreaux de céramique ou de faïence est infinie. Bon marché et faciles à tailler, ils produisent un très bel effet. C'est un matériau très polyvalent, mais qui ne convient pas à certains projets, supportant mal le gel. Quelques vieux carreaux de faïence inutilisés pourront servir à perfectionner votre technique de taille.

Objets divers

Débris d'assiette, boutons, perles, capsules, morceaux de vitrail ou de miroir, coquillages, galets... tous les objets que l'on peut tailler et disposer en motif feront l'affaire. Les fragments de terre cuite constituent une importante source de matériau à mosaïque, mais ne résistent pas au gel ; ils sont donc déconseillés pour un usage extérieur. Facilement altérables, ils ne seront pas non plus utilisés sur un sol.

Supports

Toutes les surfaces, ou presque, conviennent à la mosaïque. Vérifiez d'abord que le support est résistant, sec, et suffisamment stable pour supporter le poids de la mosaïque, et qu'il a été correctement préparé au préalable. Si vous décorez des meubles ou des murs, assurez-vous que les éléments comme les tiroirs ou les portes s'ouvrent correctement, et travaillez autour des fixations, tels les poignées et les interrupteurs.

Céramique

La mosaïque sur céramique requiert un support épais et lourd. Les pots et cache-pots en terre cuite conviennent tout à fait, ainsi que les assiettes, coupes et vases solides. Si vous appliquez de la mosaïque sur une surface vernie, poncez-la au papier de verre grossier et apprêtez-la afin que la colle adhère bien.

Bois

Un grand nombre des projets proposés dans cet ouvrage sont réalisés sur un support en bois. Mais médium (panneau de fibres de densité moyenne) et panneau de particules peuvent également convenir ; bon marché, faciles à scier, ils sont disponibles dans diverses épaisseurs. Toutefois, ils ne conviennent pas aux objets d'extérieur, car l'humidité les fait gauchir. Les meubles ou cadres en bois présentent des surfaces idéales. Si le bois a été verni ou peint, poncez-le au papier de verre grossier, puis bouchez les pores et apprêtez-le avec une solution de colle blanche ou jaune et d'eau.

Verre

Les supports en verre, tels les vases et les bouteilles, se prêtent bien à la mosaïque. Pour mettre les tesselles en place, il vous faudra utiliser des colles spéciales pour le verre. La mosaïque en verre teinté produit de jolis effets sur le verre, notamment sur les bougeoirs, où la flamme se réfléchit dans le verre, créant de ravissants rayons multicolores.

Métal

On peut aussi faire de la mosaïque sur des supports métalliques, par exemple les tables de jardin. La surface doit être craquelée à l'éponge métallique, puis apprêtée, et les taches de rouille traitées au préalable.

Ciment

En cas de doute sur la qualité d'un sol que l'on souhaite recouvrir de mosaïque, mieux vaut consulter un professionnel. Le revêtement devra être retiré par un spécialiste, et le sol séché complètement avant d'entamer la pose.

Colles et adhésifs

On utilise diverses colles et adhésifs aux différentes étapes de la réalisation d'une mosaïque. L'adhésif utilisé dépend des dimensions et de l'emplacement de l'œuvre finie.

Colle blanche ou jaune

Il s'agit d'une colle multi usages que l'on utilise telle quelle pour coller les tesselles dans la méthode directe, ou en solution pour apprêter le support de la mosaïque (à raison d'un volume de colle pour quatre volumes d'eau). Cette solution est enduite sur la surface et laissée sécher complètement avant l'application des tesselles.

Résine époxy

C'est une colle à deux composants, disponible en seringue à double doseur ou en deux tubes séparés, l'un contenant la résine, l'autre le durcisseur. On mélange une quantité égale de chaque produit pour fabriquer une colle très puissante, qui peut être utilisée dans la méthode directe pour coller les tesselles, à l'intérieur comme à l'extérieur. La résine époxy exige un travail rapide et une pièce bien aérée, car elle sèche vite et dégage des émanations désagréables.

Colle à papier peint

Cette colle à base d'eau est utilisée pour faire adhérer temporairement les tesselles sur du papier, dans le cas de la méthode indirecte. Si vous travaillez avec du papier kraft gommé, il est inutile d'utiliser de la colle ; il suffit d'humidifier le papier avant de poser les tesselles.

Mortier à joints

On trouve toutes sortes de ciments colles et de mortiers à joints. Certains sont particulièrement adaptés à l'extérieur, d'autres résistent à l'eau ou ont un temps de prise très rapide. On peut acheter du mortier prêt à l'emploi, mais le mortier en poudre est très facile à préparer et beaucoup plus économique. Il existe des mortiers teintés, mais on peut le colorer soi-même avec des pigments ou de la peinture. La couleur du mortier paraît plus foncée quand il est humide. Préparez un échantillon et laissez-le sécher toute la nuit pour juger du résultat.

Ciment

Solide, économique, le ciment s'adapte à la plupart des projets d'intérieur ou d'extérieur. Sa couleur naturelle est neutre, mais il peut être coloré avec des teintures spéciales. Faites des essais de teinture avant de les utiliser sur la mosaïque, car elles sont très puissantes et permanentes. Lorsque vous travaillez le ciment, portez des gants de caoutchouc et rangez le ciment en poudre non utilisé dans un récipient en plastique hermétique, à l'abri de l'humidité.

Outils

Un grand nombre des outils nécessaires à la réalisation de mosaïques sont des ustensiles ménagers. Vous trouverez les autres dans les magasins de bricolage ou les quincailleries.

Couper et coller les tesselles
1 brosse à colle
2 pointe à tracer
3 diamant
4 pince coupe-carreaux
5 pince de mosaïste
6 marteline et tranchet (hors illustration, voir p.26)

Nettoyer
7 chiffons
8 éponge
9 tampon à récurer et papier de verre

Jointoyer
10 auge
11 spatule crantée
12 spatule à colle
13 raclette en caoutchouc
14 couteau à peindre
15 truelle langue-de-chat
16 seau (hors illustration)
17 récipient en plastique (hors illustration)

Matériel de protection

Utilisez toujours un matériel de protection adapté. Pour couper les tesselles, quelles qu'elles soient, prenez toujours vos précautions : les éclats peuvent être très tranchants et la poussière peut irriter vos yeux et vos poumons.

Chaussures (hors illustration)
Pour éviter de vous blesser en marchant sur des éclats de verre.

Tablier
Pour protéger vos vêtements.

Lunettes de protection
Indispensables lors de la coupe, pour protéger les yeux d'éventuels éclats.

Gants de caoutchouc
Ou gants chirurgicaux, pour tout travail minutieux, comme a coupe et la taille des tesselles.

Masque antipoussière
Pour ne pas inhaler les particules de poussière.

Pelle et balayette à poussière
Pour balayer les résidus, souvent composés d'éclats tranchants.

Atelier

Peut-être avez-vous la chance de disposer d'une pièce ou d'un atelier pour installer votre matériel. Quel que soit votre lieu de travail, certains principes doivent être observés.

Stockage
Bocaux en verre et sacs en plastique transparent peuvent servir de rangements pour vos tesselles. Assurez-vous de la solidité de vos étagères, car les bocaux peuvent être lourds. Le ciment et le mortier en poudre doivent être stockés dans des récipients hermétiques, à l'abri de l'humidité.

Éclairage
De jour comme de nuit, il est indispensable de disposer d'un bon éclairage pour tout travail minutieux.

Ventilation
La mosaïque doit toujours se pratiquer dans un endroit bien ventilé. La poussière issue de la coupe des carreaux est si fine qu'elle est parfois invisible. Par ailleurs, certains adhésifs dégagent des émanations désagréables.

Eau courante
Un accès à l'eau est primordial : vous aurez besoin d'eau à différents stades de votre travail, pour préparer le ciment et le mortier, et pour nettoyer.

Table à dessin
Si vous avez de la place, installez une table « propre » pour réaliser vos dessins, de préférence près d'une fenêtre ou d'une source de lumière naturelle.

Établi
Une table épaisse et solide, à la bonne hauteur, où vous pourrez vous tenir assis ou debout.

Utilisez toujours un matériel de protection pour travailler. Évitez de manger ou de boire sur votre lieu de travail, quand vous coupez vos tesselles. Éloignez les enfants et les animaux de la pièce.

Extérieur
Si vous disposez d'un jardin ou d'un espace extérieur, utilisez-le pour les tâches salissantes comme le jointoiement. Vous pouvez également travailler dehors si vous nettoyez votre mosaïque avec des produits chimiques puissants.

Sol
Un sol résistant est idéal, car il se balaie et se nettoie facilement. Si vous avez de la moquette, étendez toujours une bâche avant de commencer, et passez l'aspirateur une fois le travail terminé pour ôter d'éventuels éclats.

Matériel de dessin

Ne vous laissez pas décourager par la liste des outils nécessaires. Bon nombre de ces articles sont déjà en votre possession, et les autres s'achètent dans tous les magasins de fournitures pour travaux manuels.

1 cutter
2 marqueurs
3 compas
4 crayons
5 carnet à croquis
6 règle
7 papier millimétré
8 papier-calque
9 papier kraft gommé

Composer une mosaïque

La conception d'une mosaïque n'obéit à aucune règle stricte, mais quelques principes doivent être néanmoins suivis avant de s'embarquer dans son premier dessin. Le plus important est l'idée, c'est-à-dire la combinaison du motif et des tesselles, l'application et l'emplacement de la mosaïque terminée. La simplicité est de mise pour une première réalisation ; travaillez d'abord sur un petit objet ou panneau, et résistez à la tentation de vous atteler à un travail ambitieux ou d'envergure.

Cette sculpture moderne s'inspire de motifs classiques et de formes de la nature pour produire une pièce très originale, au thème résolument marin.

Les techniques et le savoir-faire s'acquièrent et se maîtrisent par l'expérience ; c'est pourquoi il serait fastidieux et frustrant de commencer par un projet complexe. La mosaïque demande de la concentration et de la patience ; les erreurs sont inévitables lorsque l'on débute, mais avec un peu de persévérance et beaucoup de pratique, vous obtiendrez de superbes résultats.

Il vous faut tout d'abord imaginer la mosaïque finie, penser à son emplacement et à son environnement. Une grande mosaïque dans une toute petite pièce serait trop imposante ; il faut en effet une certaine distance entre la mosaïque et l'observateur, afin que celui-ci la considère dans son ensemble et non comme une juxtaposition de tesselles. Le motif doit également tenir compte de la forme du support ou de la surface à couvrir. Par exemple, pour s'adapter aux courbes d'un objet arrondi, tels un vase ou un pot, le motif pourra être légèrement modifié, et les détails plus ou moins espacés. Si celui-ci est trop compliqué pour tenir sur un cadre très fin, il faudra le simplifier. La juxtaposition de plusieurs motifs dans un espace restreint n'est pas le meilleur moyen d'obtenir un joli dessin ; si vous prenez certains éléments du motif et les agrandissez aux dimensions de l'objet, la tâche sera plus facile et le résultat plus efficace. Tout motif peut être modifié et adapté à la forme du support souhaité, et certains sont plus compatibles que d'autres avec un objet donné.

Quand vous élaborez un projet, par exemple une nouvelle salle de bains, essayez de ne pas vous laisser influencer par les motifs ou les couleurs à la mode ; une fois votre salle de bains terminée, en effet, ceux-ci ne seront déjà plus au goût du jour. Envisagez également le coût des matériaux et le temps requis. S'il est hors de question de revêtir entièrement un sol de mosaïque, vous pouvez parfaitement vous limiter à un seuil ou un pavage. De même, si vous ne pouvez couvrir tous vos murs de mosaïque, travaillez sur un panneau. Les objets, tables et cadres doivent être suffisamment solides pour supporter le poids des tesselles. Ceci est encore plus important pour les sols et les murs, en particulier si vous travaillez avec des matériaux très lourds, comme le marbre. Si vous avez un doute sur la résistance et la compatibilité d'un mur ou d'un sol, consultez un spécialiste du bâtiment.

Avant d'investir dans des matériaux onéreux, voyez si vous avez des objets dont vous pouvez faire des tesselles, tels des carreaux de salle de bains ou des débris de faïence ou de porcelaine. Ils feront parfaitement l'affaire pour une première mosaïque. Utilisez-les pour perfectionner vos techniques de coupe et vous familiariser avec les différents outils. Au début, la coupe des tesselles est souvent une activité frustrante, mais en suivant les instructions et en faisant preuve de persévérance, vous parviendrez très vite à trouver la méthode qui vous convient.

Chaque tesselle a ses propres qualités ; certaines sont plus adaptées que d'autres à des objets particuliers, d'un point de vue esthétique autant que pratique. Les smalts possèdent d'extraordinaires qualités de réflexion de la lumière et se déclinent en une large gamme de couleurs lumineuses ; les smalts d'or et d'argent, bien que très chers, peuvent s'utiliser parcimonieusement pour ajouter un peu d'éclat à une mosaïque banale. Faits en verre, les smalts ne sont pas adaptés aux sols. Les tesselles en pâte de verre, lisses, plates et résistantes, conviennent particulièrement aux piscines et aux mosaïques architecturales, mais également à toutes sortes d'applications. Faciles à travailler et disponibles dans une vaste palette de couleurs, les carreaux de faïence permettent de couvrir de grandes surfaces. Toutefois, tous ne résistent pas au gel, aussi informez-vous avant d'entamer tout projet d'extérieur. Choisissez des tesselles adaptées à l'environnement et à la mosaïque elle-même, et déterminez le type de mortier le plus approprié aux tesselles et à l'ensemble de la mosaïque.

Pour composer votre mosaïque, la simplicité est le mot d'ordre : n'oubliez pas que vous créez une image en mosaïque, et non pas une peinture ou une illustration ; inutile donc de s'attarder

De vieux carreaux de salle de bains sont idéaux pour s'exercer aux techniques de coupe.

sur des détails trop pointus. Vous trouverez l'inspiration partout, à condition de bien regarder autour de vous : consultez des livres, observez des étoffes et des objets de céramique, visitez les galeries, les parcs, les zoos, les monuments historiques, les musées et les églises. Plutôt que de réaliser la copie exacte d'un motif qui vous plaît, inspirez-vous de ce motif pour créer votre propre dessin. Nul besoin d'être un artiste ou un dessinateur de talent pour réaliser une mosaïque ; il suffit de transposer votre idée sur du papier. À partir de ce croquis initial, faites un autre dessin, en éliminant cette fois tout détail superflu et en le simplifiant au maximum. Lorsque le motif vous satisfait, redessinez-le sur une feuille de papier millimétré, mais cette fois-ci selon la

L'inspiration est partout. Réalisez des croquis d'objets afin de vous familiariser avec les formes, et développez celles qui vous intéressent le plus.

Effectuez plusieurs croquis, essayez différentes compositions, et jouez avec les couleurs avant de vous lancer.

forme et les dimensions requises. Examinez attentivement votre dessin et pensez à la composition, à l'espacement des motifs et à l'équilibre entre le fond et le premier plan. Cela est beaucoup plus facile à faire une fois que le motif est dessiné à l'échelle. Prenez les tesselles que vous souhaitez utiliser et disposez-les grossièrement sur le motif, afin de vous faire une idée de l'effet final ; jouez ainsi avec les tesselles jusqu'à ce que le résultat vous plaise. Avec le temps et la pratique, vous saurez juger de ce qui fait un bon motif et convient à votre style créatif, mais, pour commencer, concentrez-vous sur l'assemblage de votre mosaïque, et amusez-vous bien !

On obtient de jolis résultats en prenant le temps de dessiner et de planifier.

Opus

La manière dont chaque tesselle est taillée et disposée influe sur le rythme et le mouvement général de la mosaïque. Chaque morceau posé détermine en partie la place du suivant, formant peu à peu une mosaïque parfaitement fluide et agencée. Il existe plusieurs techniques de pose, chacune comportant ses qualités propres.

Andamento
Le mot décrit le sens ou le mouvement de la mosaïque, déterminé par la position des tesselles et les lignes du mortier.

Opus regulatum
Technique d'origine romaine, dans laquelle des tesselles de forme identique sont disposées en lignes droites horizontales (mais pas en lignes verticales), donnant l'effet d'un mur de brique.

Opus tesellatum
Les tesselles carrées sont disposées en lignes horizontales et verticales, selon un motif rectiligne. C'est une technique très efficace pour remplir les fonds.

Opus vermiculatum
Des tesselles carrées sont utilisées pour souligner le motif principal, en suivant étroitement et sinueusement ses contours, à la manière d'un ver (*vermis* est le mot latin pour « ver »). Cette technique crée un effet de halo autour du motif principal.

Opus musivum
Cette technique est un prolongement de l'*opus vermiculatum* : les tesselles suivent toujours les contours du motif, mais cette fois-ci en remplissant tout le fond. La puissante impression de mouvement et de rythme qui se dégage donne littéralement vie à la mosaïque.

Joints
Ce sont les espaces entre les tesselles. Les joints jouent un rôle essentiel dans la réalisation d'une mosaïque et dans l'aspect général de l'œuvre. La texture et la couleur du mortier ou du ciment utilisé pour jointoyer peuvent en effet fortement modifier l'allure d'une mosaïque, et ceci est à prendre en considération avant de composer une mosaïque. L'étude de la mosaïque et des techniques romaines de pose peut être aussi instructive que génératrice d'idées.

Choix des couleurs

On utilise le cercle chromatique pour expliquer la façon dont les couleurs s'ordonnent et agissent entre elles sur le spectre des couleurs. Ce cercle de six couleurs montre les deux principaux types de couleurs : primaires et secondaires.

Les couleurs primaires, placées à égale distance sur le cercle chromatique, sont le rouge, le jaune et le bleu. Il s'agit de couleurs pures, qui ne peuvent procéder du mélange d'autres couleurs. Les couleurs secondaires, l'orange, le vert et le violet, sont placées entre les couleurs primaires ; elles résultent du mélange des deux couleurs primaires voisines.

Les couleurs complémentaires sont diamétralement opposées sur le cercle : rouge-vert, jaune-violet, bleu-orange. La couleur complémentaire d'une primaire se compose du mélange des deux autres couleurs primaires ; le vert ne contient pas de rouge, le violet pas de jaune et l'orange pas de bleu.

Couleurs contrastées

On obtient un contraste de couleur optimal en juxtaposant une couleur primaire et sa complémentaire. Ainsi, les deux couleurs se mettent mutuellement en valeur. Les couleurs complémentaires d'intensité et de brillance égales créent un effet d'optique, un peu comme si elles vibraient l'une par rapport à l'autre. C'est un aspect à prendre en considération pour le choix des couleurs, car cet effet de « vibrations » peut détourner l'attention et brouiller la vision. On obtiendra un meilleur contraste en changeant simplement la couleur environnante ou de fond du motif ; les couleurs paraissent plus foncées lorsqu'elles sont entourées d'un fond clair, et réciproquement.

Le carreau rouge paraît ici plus foncé au cœur d'une couleur plus claire.

Le même carreau rouge paraît plus vif lorsqu'il est entouré d'une couleur plus foncée.

Gris pâle autour d'un motif gris foncé.

Bleu pâle autour d'un motif orange vif.

Teintes et tons

On peut souligner les contours d'un détail ou d'un motif en plaçant deux tons différents d'une même teinte l'un à côté de l'autre. Là encore, cela rehausse les deux couleurs, la teinte claire paraissant plus claire, et la foncée plus foncée (par exemple un fond gris pâle autour d'un motif gris foncé). Une autre façon de créer un contour contrasté consiste à utiliser des tons plus clairs d'une couleur complémentaire (tel un fond bleu pâle autour d'un motif orange vif, ou vert pâle autour d'un rouge vif).

Couleurs chaudes et couleurs froides

On obtient un effet d'espace et de distance entre le fond et le premier plan en utilisant des couleurs pâles (bleu pâle, crème, beige et violet doux, par exemple) pour le fond et des couleurs franches pour le premier plan. Le rouge, l'orange et le jaune ont une propension naturelle à « avancer », alors que les bleus et les verts tendent à « reculer ». Les couleurs ont aussi différentes températures. Les rouge-violet, les rose, les rouges, les orangés, les jaunes et les vert clair sont des couleurs chaudes. Les couleurs froides regroupent les vert turquoise, les vert moyen, les vert foncé, les bleus, les outremers et les bleu-violet. Les deux groupes sont opposés sur le spectre des couleurs.

Couleurs chaudes.

Couleurs froides.

Mélanger les couleurs

On peut mélanger différentes couleurs de tesselles afin d'obtenir un effet général d'une autre couleur. Par exemple, la combinaison de bleu pâle, bleu de cobalt, turquoise, cyan, bleu nuit et d'un peu de violet produira une impression de bleu vif à distance. En variant les quantités des différentes couleurs, on peut considérablement modifier la couleur générale. Si la mosaïque est trop vive, on pourra atténuer la couleur par l'adjonction de quelques tesselles d'un ton plus doux de la même teinte de base réparties bien régulièrement. De même, on pourra raviver un motif trop terne en ajoutant quelques tesselles plus colorées et bien placées. Cette méthode a l'avantage d'introduire également de la texture dans un fond un peu plat. Exercez-vous avec les différents groupes de couleurs : essayez de mélanger différents tons d'une teinte, et de combiner différents types de tesselles. L'ajout de quelques smalts d'or ou de verre teinté ajoutera une touche d'éclat à la mosaïque, tandis que l'introduction de tesselles en grès cérame ou de galets produira une note subtile.

Ce mélange de jaunes et de bleus procure une impression de vert.

Ravivez votre mosaïque en ajoutant quelques smalts colorés ou dorés.

Le mortier pâle semble éclaircir les couleurs de la mosaïque.

Un mortier plus foncé donne un résultat radicalement différent sur la même mosaïque.

Mortier coloré

Le changement de couleur d'un mortier suffit à transformer l'aspect général d'une mosaïque. Mortier et joints jouent un rôle important, dont il faut tenir compte au moment de composer le motif. Un mortier blanc peut être très dur, surtout associé à des tesselles foncées ou vives. Un blanc éclatant guide l'œil vers les joints plutôt que vers les couleurs, mais convient parfaitement aux mosaïques très pâles, notamment celles incluant des fragments de miroir. Un mortier foncé a tendance à rehausser la couleur des tesselles. Il rendra très bien sur une mosaïque très colorée, mais peut écraser les couleurs pâles. Faites des essais avec de petites quantités de mortier, coloré avec des teintures, pigments ou peintures pour obtenir un maximum de contraste ou de subtiles variations.

Gammes de couleurs

Vous trouverez ci-dessous les différentes variétés de smalts et pâtes de verre en vente dans les magasins spécialisés, dans un vaste choix de couleurs, de formes et de finitions. Ces carreaux sont parfois vendus au poids, dans des sacs, et les couleurs sont variées. C'est un bon départ pour le débutant, qui disposera ainsi d'une bonne palette de couleurs.

Pâtes de verre.

Smalts.

Smalts d'or et d'argent.

Pâtes de verre veinées d'or.

BASES TECHNIQUES

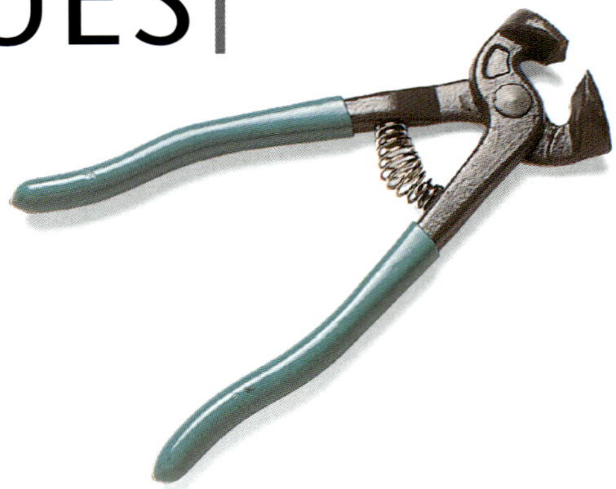

Techniques de coupe

La coupe des tesselles est une technique qui demande pratique et patience. Au premier abord, elle peut sembler hors de portée ; les erreurs seront inévitables, mais les progrès très rapides. Entraînez-vous sur de vieux carreaux de faïence dont vous ne voulez plus.

Matériel
pointe à tracer
pince coupe-carreaux
pince de mosaïste
règle métallique
masque et lunettes de protection

Marteline et tranchet.

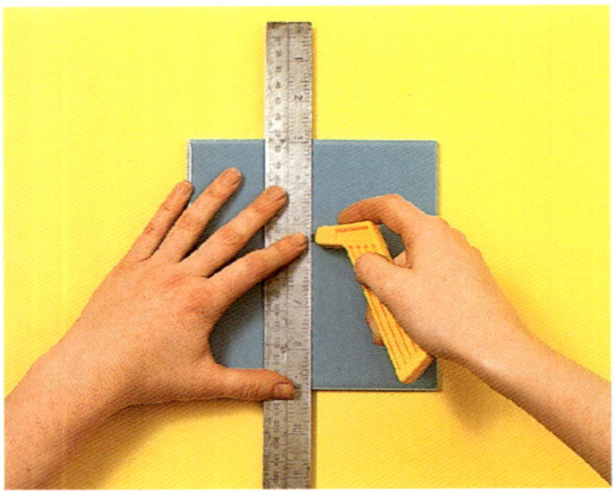

1 Avec la pointe à tracer, incisez une ligne au centre du carreau. Veillez à ne pas faire glisser la pointe sur le carreau ; pour cela, aidez-vous d'une règle métallique.

2 Placez la pince coupe-carreaux au bout du carreau, en alignant le centre de la pince sur la ligne. Appuyez lentement et fermement sur les branches de la pince : le carreau se scindera tout seul le long de la ligne.

3 De la même façon, coupez le carreau en bandes étroites. Avec la pince de mosaïste, découpez les bandes de carreau à la forme souhaitée : pour cela, placez la pince au bout d'un carreau, selon l'angle voulu, et appuyez fermement sur les branches.

Marteline et tranchet
Ce sont les outils traditionnels de la coupe du marbre et des smalts. Chaque tesselle est maintenue sur la lame du tranchet, puis frappée d'un coup sec avec la marteline pour se scinder en deux. Prenez le temps de vous entraîner, car c'est une technique difficile. Faites particulièrement attention aux éclats.

Taille des formes

TESSELLES CARRÉES

1 Coupez d'abord le carreau en quatre bandes de même largeur.

2 À l'aide de la pointe à tracer, divisez les bandes en petits carrés et coupez-les avec la pince de mosaïste.

TESSELLES TRIANGULAIRES

1 Coupez le carreau en quatre bandes ; incisez-les en zigzag.

2 Alignez avec soin le bec de la pince de mosaïste sur les lignes incisées, et coupez-les en triangles.

TESSELLES EN COURBE

1 Incisez des lignes sur les bandes, en « triangles tronqués », et coupez-les avec la pince de mosaïste.

2 Formez des courbes en juxtaposant les tesselles de différentes manières et dans différentes directions.

Méthode de pose directe

La méthode directe est fortement recommandée pour votre première mosaïque, les tesselles étant posées directement sur leur base, face supérieure vers vous. De cette manière, on peut voir le dessin prendre progressivement forme. Pour votre première mosaïque, réalisez un motif très simple. Limitez-vous à quelques couleurs, et prenez le temps de vous exercer à couper les tesselles et les juxtaposer.

Fournitures
papier-calque
crayon
planche de bois carrée
carreaux ou tesselles
colle blanche ou jaune
eau
peinture acrylique
mortier à joints

Matériel
brosse
pince coupe-carreaux
pince de mosaïste
couteau à peindre ou mini-truelle
masque et lunettes de protection
raclette en caoutchouc
chiffon non pelucheux

1 Apprêtez la surface du bois en appliquant une solution de colle blanche et d'eau (1 volume de colle pour 4 volumes d'eau) à la brosse. Laissez sécher.

2 Agrandissez le motif à la taille souhaitée et reproduisez-le sur du papier-calque. Reportez-le au crayon sur le bois, en vérifiant que le contour est bien net.

3 Coupez les tesselles en morceaux plus ou moins égaux ; vous pourrez les tailler plus précisément au fur et à mesure de vos besoins. En commençant par la bordure extérieure, coupez les tesselles en carrés avec la pince de mosaïste.

4 En suivant scrupuleusement le motif, appliquez une pointe de colle au dos de chaque tesselle, et collez-les sur le bois en laissant un espace de 2 à 3 mm entre chacune.

5 Pour réaliser la forme ovale au centre de l'étoile, rognez les coins d'un carré à la pince de mosaïste, jusqu'à ce qu'il soit bien arrondi.

6 Quand toutes les tesselles sont disposées, laissez la mosaïque sécher complètement, de préférence toute la nuit.

7 Dans un bol, préparez une solution d'eau et de peinture acrylique. En suivant les instructions du fabricant, mélangez l'eau colorée et le mortier en poudre dans un seau, jusqu'à obtention d'une consistance de beurre ramolli.

8 Avec un couteau à peindre ou une mini-truelle, étalez le mortier sur la mosaïque, en remplissant bien les joints.

9 Éliminez l'excédent de mortier avec une raclette, en veillant à bien lisser les côtés.

10 Passez une éponge humide sur la mosaïque afin de bien la nettoyer. Laissez sécher 20 à 30 mn avant de procéder à l'étape suivante.

11 Lorsque le mortier est sec au toucher, faites briller la surface de la mosaïque avec un chiffon sec et non pelucheux.

Méthode de pose indirecte

La méthode indirecte est en quelque sorte le procédé inverse de la technique directe. Les tesselles sont collées face vers le bas sur du papier gommé, puis enduites d'une couche de mortier. Lorsque la mosaïque est sèche, le papier est décollé à l'éponge. Si l'on travaille sur de grands supports, le motif devra être divisé en sections. Quand toutes les sections sont dessinées, retournez délicatement le papier et faites une marque sur chaque joint – quelque chose de simple qui sera facile à aligner ultérieurement –, puis numérotez les sections dans un ordre logique. Cela vous évitera le désagrément de les poser au mauvais endroit.

Fournitures
papier-calque
crayon
marqueur
papier kraft gommé (ou papier kraft et colle à papier peint)
carreaux ou tesselles
mortier à joints
eau

Matériel
pince coupe-carreaux
pince de mosaïste
truelle
masque et lunettes de protection
seau
raclette en caoutchouc
éponge
tampon à récurer abrasif
chiffon non pelucheux

1 Dessinez le motif aux dimensions réelles et indiquez clairement les couleurs à utiliser. Jouez avec les tesselles sur le papier pour avoir une idée de l'effet général.

2 Reportez le motif au marqueur sur une feuille de papier-calque. Sans retourner le papier, repassez les lignes du marqueur au crayon gras.

3 Retournez le papier-calque, et transférez le motif sur le papier gommé (côté gommé vers vous) en repassant sur les traits de marqueur au crayon dur. Le dessin est alors inversé.

4 Collez soigneusement les tesselles face vers le bas sur le papier gommé, en humidifiant la surface de chacune à l'aide d'un pinceau humide. Si vous utilisez du papier kraft ordinaire, collez les tesselles avec une solution légère de colle à papier peint.

5 Travaillez avec une teinte à la fois, et prenez grand soin de respecter les couleurs du motif. C'est très difficile à faire avec des carreaux de faïence, car, à l'envers, ils se ressemblent tous.

6 Préparez le mortier dans un seau, en ajoutant peu à peu de l'eau à la poudre, jusqu'à obtention d'une consistance de beurre fondu.

7 Assurez-vous que la surface destinée à la mosaïque a été préparée et dépoussiérée. Appliquez une couche généreuse de mortier sur la surface avec une truelle.

8 Retournez la mosaïque de sorte que le papier kraft soit vers vous, et placez-la sur le mortier en veillant à aligner les bords avec ceux des carreaux voisins.

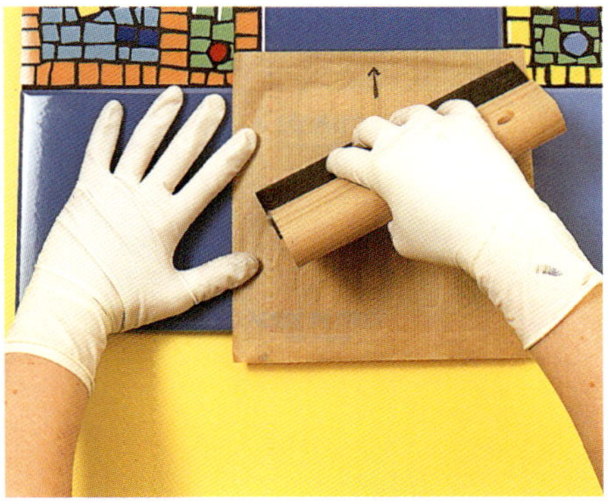

9 Lissez la mosaïque avec une raclette en caoutchouc. Appuyez fermement afin que le mortier s'insère dans les joints. Laissez prendre.

10 Lorsque le mortier est sec, imbibez le papier kraft avec une éponge humide et retirez-le. Ôtez les résidus de papier et de mortier avec un tampon à récurer. Vérifiez que les joints sont comblés ; sinon, remplissez-les de nouveau de mortier et essuyez l'excédent avec une éponge. Terminez en lustrant la mosaïque avec un chiffon sec.

Mosaïque en pratique

Les vingt réalisations présentées dans ce chapitre s'inspirent d'exemples et de méthodes, styles et applications divers utilisés par des mosaïstes actuels. Chaque réalisation est accompagnée d'un modèle, de variantes, d'instructions claires et d'astuces judicieuses. Bien sûr, rien ne vous oblige à suivre à la lettre les modèles proposés ; vous pouvez utilisez vos idées, vos couleurs préférées, tester différents matériaux et adapter les motifs selon vos besoins spécifiques. Les possibilités sont infinies...

Découvertes près du Tigre, en Mésopotamie, les premières mosaïques datent environ du 3e millénaire avant J.-C. Elles consistaient alors en cônes de terre cuite scellés dans des murs et peints de couleur vive. À Gordion, en Asie Mineure, on a retrouvé des pavements en mosaïque – galets juxtaposés selon des formes géométriques simples, et collés au mortier – qui dateraient du VIIIe siècle avant J.-C. Vers le IVe siècle avant J.-C., les artistes grecs introduisent de petits cubes de pierre taillée – les premières « tesselles » – transformant radicalement l'art de la mosaïque.

INSPIRATION CLASSIQUE

Les Romains adoptent cette nouvelle méthode avec enthousiasme. Avec l'expansion de l'Empire romain, la demande en pavements de mosaïque s'accroît, et cet art se développe considérablement, dans un large territoire. Quelques exemples de mosaïques romaines ont été conservés, d'une grande variété de styles et de sujets : scènes de la vie quotidienne, études d'animaux et d'oiseaux et motifs linéaires ou abstraits. Vers le IIIe siècle de notre ère, la mosaïque sert de plus en plus l'art religieux, et s'orne de tesselles de verre et d'or – une technique reprise plus tard et avec succès par les premiers chrétiens.

L'ère byzantine, qui dure plus de 1 000 ans, du Ve au XVe siècle, assiste à de grands progrès techniques et au développement de la mosaïque en une forme d'expression très spécialisée. On utilise de plus en plus les tesselles de verre (smalts), qui deviennent le matériau de base des mosaïques byzantines. Ces émaux de verre aux couleurs de gemmes sont posés dans le mortier de manière légèrement inclinée, afin d'exploiter leurs qualités de réflexion de la lumière, les smalts d'or servant à représenter la lumière émanant des personnages sacrés. L'art de la mosaïque a également été utilisé par l'Église chrétienne. À Ravenne, en Italie, de superbes exemples nous sont parvenus, malgré de nombreux travaux de reconstruction et de restauration. Le mausolée de Galla Placidia (430-450 après J.-C.) abrite une église cruciforme richement décorée, dont le centre de la voûte est orné d'une croix sur fond bleu foncé émaillé d'étoiles d'or, du symbole des quatre apôtres à chaque coin et d'une bordure de feuilles de vigne. Quant

Ce superbe sol romain en mosaïque à el-Djem, en Tunisie, parfaitement conservé, représente les neuf muses et leurs attributs dans les moindres détails.

Recouvrant le dôme du baptistère des Orthodoxes, à Ravenne, cette mosaïque du ve siècle conjugue couleurs lumineuses et smalts d'or chatoyants pour illustrer le baptême du Christ.

Une abside en mosaïque, à Albegna, en Italie : le fond bleu nuit rehausse les motifs blancs des étoiles et des colombes

au mausolée Saint-Apollinaire-le-Neuf, il a été construit par le roi ostrogoth Théodoric, près de son palais, vers l'an 500 de notre ère. L'abside a été détruite, mais les parties supérieures des murs de l'église demeurent entièrement recouvertes de mosaïque évoquant vingt-six scènes de la vie du Christ. Parmi les autres églises importantes de Ravenne, figurent Saint-Vital (qui abrite d'extraordinaires mosaïques représentant le Christ et ses apôtres, ainsi que la célèbre mosaïque de l'empereur Justinien et de l'impératrice Théodora avec leur cour) et Saint-Apollinaire-in-Classe (à Classis, au sud-est de Ravenne). À Sainte-Sophie, à Constantinople, la mosaïque du Christ en majesté, qui dépeint l'empereur Constantin IV et son épouse Zoé (1042-1055 après J.-C.), a subi d'importantes altérations. Zoé avait épousé Constantin en 1042, et son nom et son visage succèdent à ceux d'un précédent mari. Le portrait de Zoé, qui avait soixante-quatre ans à l'époque de son remariage, est remplacé par l'image d'une belle jeune femme. La chute de l'Empire byzantin, au milieu du xve siècle, amorce le déclin de la mosaïque. Ce n'est qu'au cours de la Renaissance, notamment en Italie avec ses célèbres émaux de Murano, que la mosaïque connaît un regain d'intérêt. Les formes stylisées et l'emploi de l'or sont rejetés en faveur d'un réalisme pictural, au point que la mosaïque perd un peu de ses qualités et devient une simple imitation de la peinture. Aujourd'hui, l'étude des mosaïques anciennes est très instructive, et l'on peut s'inspirer de leur grande variété de styles et de techniques.

Cette mosaïque sophistiquée représentant les Rois mages orne le mur nord de la nef de Saint-Apollinaire-le-Neuf, à Ravenne.

Thèmes

Religion, Christ, saints, anges.

Motifs

Étoiles, croix, feuilles de vigne, animaux, volutes, colombes.

Matériaux

Galets, pierre, verre, smalts, or.

Supports

Panneaux, murs, colonnes, sols.

Lieux

RAVENNE
Saint-Vital, mausolée de Galla Placidia, Saint-Apollinaire-le-Neuf.

ISTANBUL
Basilique Sainte-Sophie.

VENISE
Cathédrale Saint-Marc.

SICILE
Cathédrale de Monreale.
Église de Palerme.

KIEV
Église de Sainte-Sophie.

Ce ravissant motif, inspiré d'ornements géométriques et de la forme naturelle des feuilles et des fleurs, associe des tesselles de marbre aux couleurs contrastées pour créer un superbe pavement dont on peut adapter la taille et la forme pour transformer la plus modeste des salles de bains.

Sol en marbre géométrique

Fournitures
marbre
papier millimétré
papier-calque
papier kraft épais
crayon
ciment-colle
mortier à joints
colle à papier peint

Matériel
masque et lunettes de protection
marteline et tranchet
pinceau
ciseaux
spatule crantée
platoir
raclette en caoutchouc
éponge

Avant de commencer
Travaillez sur un projet de cette envergure et de ce niveau de difficulté exige beaucoup de préparation, de réflexion et une certaine expérience. Le sol doit être correctement apprêté et préparé, et suffisamment résistant pour supporter le poids du marbre ; en cas de doute, consultez un spécialiste avant d'entamer votre travail. La pose de la mosaïque est une tâche complexe et difficile, qui nécessite l'aide d'une personne au moins. Là encore, il est conseillé de vous faire assister par un carreleur professionnel ou tout autre spécialiste de ce type de travail.

Dessiner le motif sur du papier millimétré
Prenez les mesures du sol et élaborez votre motif sur une grande feuille de papier quadrillé. Ce motif étant répété, il peut être facilement modifié pour s'adapter à la forme de votre sol, soit en l'agrandissant, soit en le réduisant à la taille voulue. On peut aussi agrandir le modèle à la photocopieuse et le décalquer sur le papier millimétré.

Reporter le motif sur le papier support
Décalquez et reportez le motif sur la face brillante d'un papier kraft épais. Indiquez les couleurs du motif aux endroits appropriés ; et souvenez-vous que vous travaillez indirectement, et que les dessins du papier kraft sont inversés par rapport à l'original.

Diviser le motif en sections
Retournez le papier kraft et griffonnez une forme sinueuse au dos ; cela vous aidera à aligner précisément la mosaïque au moment de la pose. Coupez le papier en sections et numérotez chacune d'entre elles en ajoutant des flèches à chaque bord pour indiquer leur sens. Dessinez un plan des sections, chacune étant numérotée, de manière à pouvoir vous y reporter en cas d'incertitude.

ASTUCE **Divisez le motif en sections de taille raisonnable, en les marquant au crayon et en utilisant une règle pour les bords droits. Sur les côtés de chaque section, inscrivez clairement le numéro et dessinez une flèche indiquant le sens de pose de la section. Ne coupez pas les sections avant d'avoir numéroté tous les bords et marqué l'envers (voir Astuce, p. 47).**

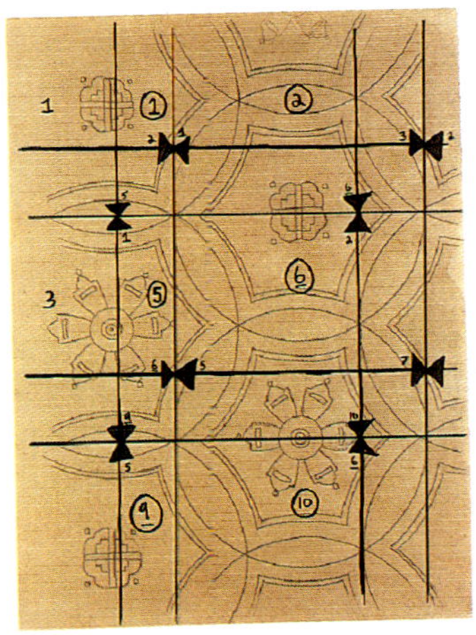

Susan Goldblatt

Modèle

Légendes

- vert foncé
- brun foncé
- ocre
- gris foncé
- brun
- rose pâle
- brun clair
- blanc

Coller les tesselles sur le papier

Coupez le marbre en morceaux, puis taillez ceux-ci à la forme voulue avec la marteline et le tranchet. Collez les tesselles sur le papier kraft avec une forte solution de colle à papier peint, en gardant toujours à l'esprit que la surface collée au papier constitue la surface finale de la mosaïque. Utilisez peu de colle à la fois, afin qu'elle ne traverse pas le papier et ne tache pas votre plan de travail.

Aligner les sections

Lorsque vous collez les tesselles sur le bord d'une section, veillez à ce qu'il n'y ait pas de joints trop importants entre deux sections, et à ce que toutes les tesselles soient uniformément espacées.

Poser la mosaïque

Étalez les sections sur le sol, dans le bon ordre, et vérifiez à nouveau vos mesures. Pour poser la mosaïque, il vous faudra de l'aide, de préférence celle d'un professionnel. Travaillez à reculons depuis l'extrémité de la pièce, afin de ne pas vous retrouver coincé dans un coin, en attendant que le ciment sèche ! Appliquez le ciment-colle sur la surface de la première section et étalez-le à la spatule crantée. Mettez la section de mosaïque en place, côté papier vers vous, et lissez-la avec un platoir. Recommencez avec la section suivante, en vous aidant des flèches et en faisant coïncider la ligne « griffonnée » pour un placement très précis.

Laisser le sol sécher

Quand toutes les sections sont en place, laissez sécher le ciment quatre à cinq jours. Puis humidifiez le papier kraft à l'éponge et retirez-le en le rabattant bien. Nettoyez la surface à l'éponge, en frottant les résidus de papier jusqu'à ce qu'ils se détachent.

Jointoyer la mosaïque

Jointoyez la mosaïque avec un mortier à carrelage gris, en veillant à bien remplir les joints. Les traces de mortier pourront être éliminées avec une brosse à récurer et un nettoyant pour le marbre.

Autres versions

Le marbre existe dans une vaste gamme de couleurs et finitions subtiles. Choisissez des couleurs contrastées afin de rehausser le motif, et essayez d'ajouter de la texture en intégrant quelques tesselles de marbre veiné pour les détails.

- vert foncé
- brun
- ocre
- blanc

Subtile variation de l'original, cette version associe des couleurs chaudes et naturelles, créant ainsi une atmosphère automnale.

- vert foncé
- rose pâle
- ocre
- blanc
- gris foncé

Les forts contrastes entre les contours bien nets et le fond pastel produisent une impression plus contemporaine.

Miroirs aux postes romaines

Les volutes, ou postes, de cet encadrement de miroir reprennent un motif classique romain, souvent utilisé comme bordure décorative des mosaïques de pavement. Bicolore, le motif est le même quel que soit le sens dans lequel vous le regardez. De nombreuses compositions linéaires analogues ornent les mosaïques romaines ; on les appelle des méandres.

Fournitures
papier-calque
bois (ou cadre en bois prêt à l'emploi)
carreaux de faïence
colle blanche ou jaune
ciment-colle
mortier à joints
miroir
crayon et marqueur

Matériel
scie sauteuse
masque et lunettes de protection
pince coupe-carreaux
pince de mosaïste
couteau à peindre
seau
raclette en caoutchouc
éponge et chiffon sec
pinceau

Fran Soler

Compositions linéaires en méandres, où deux couleurs suivent le même motif.

Préparer le support
Commencez par apprêter la surface du cadre en bois. Préparez une solution de colle blanche et d'eau (1 volume de colle pour 4 volumes d'eau), et appliquez-la au pinceau. Le cadre utilisé ici est prêt à l'emploi, mais l'on peut en fabriquer un très simplement, en sciant une forme circulaire dans un panneau de bois, puis en découpant un cercle plus petit au centre. Le miroir pourra être fixé ultérieurement à l'aide de pointes enfoncées au dos de la découpe circulaire et repliées fermement sur le miroir.

Dessiner le motif
Reportez le motif sur le cadre en bois. Si vous devez modifier le format des volutes pour les adapter à votre cadre, aidez-vous d'un compas. Dessinez clairement les contours du motif au crayon dur ou au marqueur.

Préparer les carreaux
Cassez les carreaux de faïence en morceaux, sans trop vous soucier de leur forme (les tesselles seront taillées ultérieurement). Choisissez deux couleurs contrastées, conservez-les en tas séparés.

Coller les tesselles
Avec le couteau à peindre, appliquez le ciment-colle sur le cadre, en travaillant par petites sections pour éviter qu'il ne sèche trop vite. Collez les tesselles, en commençant par le bord extérieur et en travaillant une seule couleur à la fois. Taillez les tesselles au fur et à mesure de vos besoins (voir Taille des formes, p. 27, pour former des courbes). Quand toutes les tesselles sont collées, laissez sécher toute la nuit.

Jointoyer la mosaïque
Dans un seau, préparez un mortier gris foncé. Vous pouvez utiliser un mortier déjà coloré, ou bien le teinter vous-même en ajoutant à l'eau de la teinture ou de la peinture acrylique avant de la verser sur le mortier en poudre. Appliquez le mortier avec le couteau à peindre, en l'étalant généreu-

Modèle

Légendes

faïence blanche

faïence noire

sement sur la mosaïque et en remplissant bien les joints. Essuyez l'excédent avec une raclette, et lissez les bords du cadre.

Finaliser le miroir

Nettoyez les résidus de mortier avec une éponge humide, et laissez pendre jusqu'à ce que la surface de la mosaïque soit sèche au toucher. Lustrez avec un chiffon sec. Enfin, fixez le miroir dans le cadre – il est préférable de faire tailler le miroir par un professionnel – et suspendez-le.

ASTUCE

Si le modèle n'est pas adapté à la taille de votre miroir, divisez le cadre en sections égales et dessinez des cercles dans chaque section, avec un compas. Aidez-vous de ces cercles pour tracer les volutes à main levée, en veillant à ce qu'elles soient aussi régulières que possible (toutefois, ne vous inquiétez pas si elles ne sont pas parfaitement identiques). Dessinez les volutes au crayon avant de tracer le contour au marqueur.

Autres versions

Actualisez ce dessin traditionnel en utilisant des couleurs vives et modernes, ainsi qu'une combinaison de tesselles et de matériaux de différentes textures. Un mortier coloré rehaussera le motif et avivera les couleurs.

- terre cuite non vernissée
- faïence émaillée turquoise

Pour un résultat plus surprenant, choisissez deux couleurs complémentaires, tels le bleu et l'orange, et créez des effets de matière en juxtaposant de la terre cuite non vernissée et de la faïence émaillée.

- terre cuite non vernissée gris pâle
- terre cuite non vernissée violette

Pour obtenir un effet plus subtil, mais tout aussi réussi, associez deux couleurs pâles de même intensité et tonalité, et effectuez une finition lisse et mate.

Ce serait mentir que d'affirmer que ce décor est facile à réaliser ; il est assez compliqué, et exige une importante préparation ainsi qu'une certaine expérience. La première chose à considérer, avant de commencer, est la difficulté liée à la pose de mosaïque sur un plafond. Il vous faudra travailler avec au moins une autre personne, de préférence rompue à la décoration des plafonds. L'assistance d'un carreleur professionnel ou d'un mosaïste est vivement conseillée.

Plafond de marbre

Fournitures

marbre
papier-calque
crayon
papier kraft épais
farine et eau
ciment-colle
mortier à joints
sable fin

Matériel

masque et lunettes de protection
ciseaux
marteline et tranchet
deux seaux
platoir
spatule crantée de 6 mm
éponge

Avant de commencer

Préparez le plafond en appliquant une fine couche de sable et de ciment au moins trois semaines avant la pose de la mosaïque. S'il s'agit d'un faux plafond, il doit être suffisamment solide pour supporter le poids du marbre. Si vous faites un faux plafond spécialement pour ce projet, assurez-vous qu'il est possible de poser la mosaïque dessus avant de le mettre en place.

Préparer le motif

Dessinez le motif dans la forme et la taille voulues, en prenant soin de laisser 5 mm tout autour au cas où il s'élargirait en cours de pose. Ce motif exige certains calculs, afin que les lignes ondulées de la bordure soient également espacées, et que leur nombre soit divisible par le nombre de couleurs utilisées.

Reproduire le motif

Décalquez le motif sur la face brillante du papier kraft, en gardant à l'esprit que la mosaïque, une fois installée, sera l'image inverse du motif (celui-ci devra donc être inversé). Indiquez les couleurs de chaque ligne ondulée sur le papier. Retournez-le et dessinez une forme sinueuse sur l'envers : à la manière d'un puzzle, ce motif vous aidera à placer correctement les sections de votre mosaïque.

ASTUCE

Avant de couper le papier kraft en sections, retournez-le et tracez des lignes droites correspondant exactement aux lignes de section de l'autre côté. Ébauchez une forme sinueuse par-dessus, sans vous soucier du quadrillage. L'idée est de disposer d'un autre motif pour faire parfaitement coïncider les sections au moment de la pose.

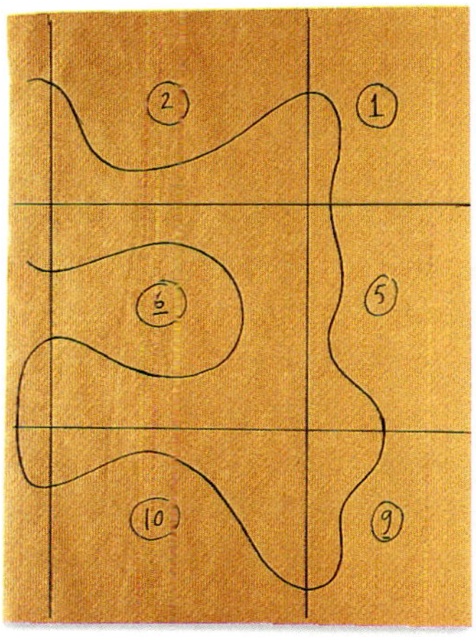

Couper la bordure en sections

Le papier support doit être coupé en sections de taille raisonnable, de façon à pouvoir les porter au plafond avec les deux mains. Coupez la bordure, puis divisez soigneusement le centre en sections égales. Il est essentiel de dessiner d'abord les sections, afin qu'au moment de coller les tesselles, il n'y ait pas d'espace excédentaire, et que l'on ne puisse pas distinguer les sections une fois en place. Chacune doit être clairement numérotée (collez un petit morceau de papier sur le bord de la section, des deux côtés, afin qu'il dépasse légèrement et soit toujours visible). Il est vivement conseillé de dessiner un plan de la mosaïque, avec chaque section

Vanessa Benson

numérotée. Faites-en un autre en inversant le motif. Vous aurez ainsi un plan pour la mosaïque et un plan pour le plafond.

Couper le marbre
Coupez le marbre selon la forme souhaitée à l'aide de la marteline et du tranchet. Utilisez un marbre de même épaisseur pour toute la mosaïque, si possible de 5 mm. Fabriquez la colle en mélangeant de la farine et de l'eau jusqu'à obtention d'une consistance laiteuse, et réchauffez-la à feu doux jusqu'à épaississement. Utilisez cette solution pour coller les tesselles de marbre sur le papier kraft, en gardant à l'esprit que la surface que vous êtes en train de coller est la surface qui sera visible en fin de travail. Lorsque vous collez les tesselles sur le bord d'une section, assurez-vous que la section adjacente est parfaitement bien placée, comme si le papier n'avait pas été coupé. Cela garantit un espacement régulier entre les différentes parties de la mosaïque, évitant tout raccord disgracieux.

Marquer les sections au plafond
Pour poser la mosaïque au plafond, il vous faudra l'aide d'au moins une personne, si possible un professionnel. Disposez la mosaïque sur une surface plane, chaque section bien en place, et vérifiez les cotes. Avec une craie, dessinez les sections sur le plafond. Portez toujours des lunettes de protection pour travailler un plafond, quelle que soit la tâche.

Préparer le ciment-colle et le mortier
Pendant qu'une personne prépare un ciment-colle à prise rapide, la deuxième peut faire le mortier. Étalez le ciment-colle sur la première section du plafond, et lissez avec une spatule crantée de 5 mm afin de constituer un lit fin et uniforme. Pendant ce temps, saupoudrez la première section de mosaïque d'un peu de sable sec tamisé : cela empêchera le mortier de s'infiltrer sous les tesselles et vous aidera à les conserver propres. Posez le mortier sur la section de mosaïque, en remplissant bien les joints avec une truelle.

Modèle

Légendes

- blanc cassé
- vert d'eau
- blanc
- pierre
- crème
- gris foncé
- noir
- gris moyen
- brun foncé
- brun
- brun orangé

Poser les sections de mosaïque au plafond

Posez les sections de mosaïque au plafond à l'aide d'un platoir. Poussez-les dans leur emplacement exact en utilisant une éponge avant que le ciment ne durcisse. Mouillez le papier avec une éponge et passez à la section suivante, en répétant le procédé. Alignez la section suivante en vous aidant de la forme sinueuse tracée sur le papier, et enfoncez-la bien en tapotant doucement avec une éponge. Assurez-vous qu'il n'y a pas d'espaces entre les sections de papier, et que la forme sinueuse coïncide parfaitement. Humidifiez le papier avec l'éponge, puis passez à la section suivante, et continuez ainsi sans oublier de mouiller chaque fois le papier de la section qui vient d'être posée. Le ciment-colle ne doit pas sécher au plafond tant que toutes les sections ne sont pas posées ; pour cela, appliquez-le section par section, au fur et à mesure que vous progressez.

Réparer ou remplacer des tesselles

Lorsque le papier est prêt à se détacher, retirez-le section par section. Si des tesselles tombent, recollez-les avec un peu de ciment-colle. Si les joints vous paraissent trop larges, ôtez quelques tesselles et remplacez-les par des morceaux de marbre plus grands (toujours avant que le mortier et le ciment ne soient trop durs).

Nettoyer la mosaïque

Nettoyez la mosaïque quand toutes les sections sont posées et que le papier est enlevé. Un ciment à prise rapide (2 heures) permet un nettoyage presque immédiat. Éliminez tout excédent de ciment avec un produit spécial pour le marbre, appliqué avec un balai-brosse et beaucoup d'huile de coude.

Autres versions

Les deux variantes ci-dessous montrent les étonnants effets de contraste et d'atmosphère que l'on peut obtenir en substituant les couleurs du fond par des couleurs complémentaires ou des teintes douces.

- crème
- fauve
- brun
- brun clair
- gris moyen
- gris foncé

Les couleurs automnales sur fond pâle offrent un contraste à la fois prononcé et raffiné, mais qui n'écrasera pas le décor de votre pièce.

- blanc
- fauve
- brun
- gris moyen
- vert moyen
- gris foncé

Les couleurs complémentaires de la bordure et du fond confèrent à ce motif classique une touche contemporaine.

Les couleurs chatoyantes et les motifs de ce coffret s'inspirent des somptueuses mosaïques byzantines, qui conjuguent avec succès les formes simples et les couleurs vives. Les smalts d'or traditionnels sont très coûteux. Aussi, le coffret a-t-il été recouvert de papier doré, qui apparaît sous le verre translucide, donnant l'effet de tesselles d'or, et on a utilisé du verre teinté à la place des smalts colorés traditionnels. Si vous ne trouvez pas de verre teinté véritable, appliquez sur les morceaux de verre transparent une peinture spéciale pour le verre.

Coffret byzantin

Fournitures
papier-calque
marqueur
papier doré brillant
résine époxy
verre transparent
verre teinté
boîte en bois
colle blanche ou jaune
colle en bombe
mortier à joints

Matériel
masque et lunettes de protection
ciseaux ou cutter
pince de mosaïste
pince coupe-carreaux
couteau à peindre
raclette en caoutchouc
éponge
chiffon non pelucheux
pics à cocktail

Fran Soler

Préparer le coffret

Agrandissez et adaptez le modèle aux dimensions de votre boîte. Recouvrez l'extérieur de papier doré, en le collant soigneusement avec de la colle blanche ou de la colle en bombe. Lissez les plis et vérifiez que les bords sont bien collés. Décalquez et reportez le motif sur la boîte et tracez les contours au marqueur (voir Astuce, p. 57).

ASTUCE **Recouvrez la boîte de papier doré brillant avant de commencer la mosaïque. Fixez-le avec la colle blanche et lissez les plis éventuels. Ne repliez pas le papier à l'intérieur de la boîte, cela empêcherait le couvercle de fermer correctement ; coupez plutôt le papier au ras du bord et collez-le bien. On peut utiliser toutes les couleurs de papier, mais le papier brillant ou métallique est idéal, car il permet à la lumière de se réfléchir sur le verre. Le papier d'aluminium peut également donner de beaux résultats.**

Couper les tesselles de verre

Coupez les tesselles en morceaux à la taille approximative, et rangez les couleurs en tas séparés. Faites attention en coupant vos tesselles, car le verre est extrêmement tranchant : portez un masque et des lunettes, et travaillez dehors si possible (voir Astuce, p. 119). Le verre teinté se coupe de la même manière, à l'aide d'un diamant et d'une pince.

Commencer à poser les tesselles

Travaillez dans une pièce bien aérée. Collez les tesselles avec un peu de résine époxy. Décorez d'abord le couvercle, en commençant par le bord et en travaillant vers l'intérieur. Utilisez de petits fragments de miroir pour souligner le contour des formes. Remplissez les motifs de verre teinté, que vous pouvez rogner avec une pince de mosaïste pour leur donner la forme adéquate. Collez les tesselles de verre transparent sur le papier doré pour créer le fond. C'est une tâche délicate ; utilisez un pic à cocktail pour former des espaces réguliers entre les morceaux de verre. Quand le dessus est terminé, travaillez les côtés du couvercle. Laissez-le sécher, et attelez-vous à la partie inférieure de la boîte.

Modèle

Légendes

- verre teinté émeraude
- miroir
- verre transparent
- verre teinté orange
- verre teinté turquoise
- verre teinté rubis
- verre teinté violet

COUVERCLE

CÔTÉS

Terminer les côtés
En travaillant sur la partie inférieure, vérifiez que les motifs coïncident sur les côtés. Veillez à ce que les tesselles ne dépassent pas du bord supérieur, ce qui bloquerait le couvercle. Lorsque toutes les tesselles sont collées, laissez la boîte sécher environ 48 heures (la colle doit être sèche et transparente).

Jointoyer le coffret
Jointoyez la mosaïque avec un mortier de couleur foncée, qui rehaussera les couleurs lumineuses des tesselles. Essuyez l'excédent de mortier avec une raclette et une éponge humide. Attendez que le coffret soit sec au toucher, puis lustrez-le avec un chiffon sec et non pelucheux.

Autres versions

Utilisez un mélange de tesselles, verre et carreaux chatoyants aux couleurs de pierres précieuses pour créer de jolis effets sur toutes sortes de boîtes.

Essayez cette combinaison originale de fragments de miroir et de verre teinté, agrémentée de toutes sortes de petits objets scintillants, pour produire un irrésistible effet kitch.

verre teinté :

- turquoise
- marine
- rubis
- violet
- émeraude
- miroir

verre teinté :

- violet
- marine
- rubis
- smalt d'or
- faïence blanche
- miroir

Ici, le résultat final est totalement différent. Les somptueuses couleurs du verre teinté sont mises en valeur par les simples tesselles blanches du fond.

INSPIRATION MEXICAINE

L'histoire complexe de la civilisation et de la culture mexicaines remonte à au moins trois mille ans. De nombreux objets anciens nous sont parvenus, témoins du talent des artisans et de la créativité des peuples de la civilisation précolombienne. Ces différentes cultures, nées à des périodes diverses de l'histoire ancienne, partageaient non seulement des liens géographiques, mais aussi des croyances religieuses et d'étonnantes similitudes entre l'art et les rites, comme en attestent les nombreux exemples de sculptures et d'inscriptions.

La mosaïque de Juan O'Gorman décorant la façade de la bibliothèque de l'université de Mexico représente des symboles aztèques et mayas traditionnels.

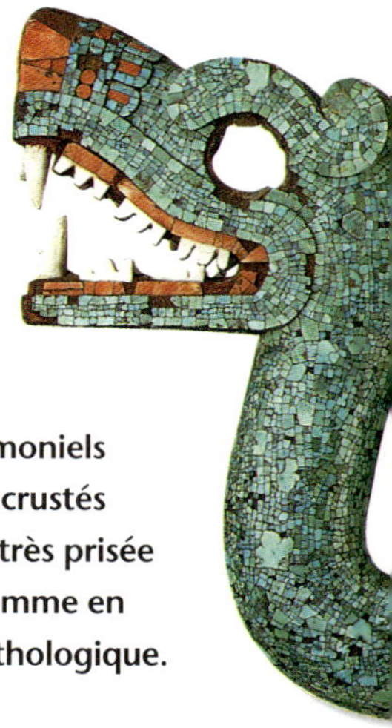

Les objets rituels et cérémoniels aztèques sont souvent incrustés de turquoise, une pierre très prisée dans cette civilisation, comme en témoigne ce serpent mythologique.

Les premiers spécimens de poterie datent de 2000 avant J.-C. environ ; il s'agit de simples figurines, de pots et de vaisselles rudimentaires du sud-est de la Méso-Amérique. On a également découvert des sculptures de jade et de pierre de la période olmèque (1200-400 avant J.-C.), ainsi que de beaux exemples de figurines en terre cuite de la période classique de Veracruz (300-1200 après J.-C.), des sculptures de pierre huaxtèques (900-1450 après J.-C.), des inscriptions et des édifices mayas (250 avant J.-C.-1000 après J.-C.), de la ferronnerie mixtèque (1200-1521 après J.-C.) et de la mosaïque aztèque (1300-1521 après J.-C.). L'art maya et aztèque a beaucoup influencé l'art mexicain tel que nous le connaissons aujourd'hui. Redécouverts au XIXe siècle, l'architecture et l'art mayas ont été fort admirés, et figurent parmi les plus accomplis de toutes les cultures méso-américaines. Des inscriptions et des gravures très travaillées, à l'intérieur des tombes, font référence à des événements historiques majeurs, qui éclairent sur les croyances et la conception cyclique du temps chez les Mayas. L'art aztèque, malgré son pittoresque et son dynamisme, semble obsédé par la mort : les masques d'humains et les crânes d'animaux, les couteaux sacrificiels et les représentations de

Ce fragment de tissu inca ancien déploie des couleurs vives et des motifs puissants, qui ont toujours joué un rôle important dans les arts décoratifs sud-américains.

démons et guerriers témoignent de la conception aztèque de la religion, liée au fantastique. Mais cette ère, très propice au développement des arts a produit de fabuleuses mosaïques d'or et de jade taillé et poli, de turquoise et autres pierres précieuses.

Avant la conquête espagnole de 1520, les orfèvres sont tenus en très haute estime pour leur aptitude à incruster des bagues, des colliers et des mosaïques d'une grande finesse. La plupart des œuvres ont été détruites dans les années qui ont suivi la conquête, l'art traditionnel cédant le pas aux idées neuves apportées par les Espagnols. Ceux-ci introduisent la glaçure stannifère dans la poterie mexicaine, art qu'ils tenaient eux-mêmes des Maures d'Espagne. La poterie mexicaine se limite alors à la terre cuite non vernissée, que l'on cuit à très basse température et qui produit des carreaux relativement ternes. Émerveillés par ces incroyables couleurs et cette nouvelle technique, les Mexicains s'attellent avec enthousiasme à la décoration des églises catholiques espagnoles. Deux églises extraordinaires datant de cette époque ont été conservées : Santa Maria Tonatzintla et San Francisco Atapec, toutes deux remarquables par leur façade élaborée, brillamment décorée de céramiques de couleurs vives fabriquées à Puebla, un centre important de manufacture de céramique de l'époque coloniale. L'Église catholique devient une véritable source d'inspiration ; l'imagerie et le dévouement liés à la Vierge de Guadalupe (la sainte patronne du Mexique) sont alors, et aujourd'hui encore, abondamment utilisés par les artistes.

Le Mexique accède à l'indépendance en 1821, et les années qui suivent, jusqu'à la révolution de 1910, sont jalonnées de soulèvements politiques et de réformes sociales. Plus tard, le pays connaît une renaissance des beaux-arts, avec des artistes comme Frida Kahlo, Diego Rivera, José Clemente Orozco et David Alfaro Siqueiros. Rivera, artiste influent, reçoit des commandes de fresques de l'État et tente de créer un style reflétant à la fois l'histoire du Mexique et l'esprit socialiste de la révolution. Siqueiros, un autre fresquiste, exécuta les plans de la mosaïque ornant le *rectorado* de l'université de Mexico, dont la façade de la bibliothèque est couverte d'une mosaïque de Juan O'Gorman représentant des hiéroglyphes mayas et des motifs aztèques.

Aujourd'hui, l'art et la couleur constituent un aspect essentiel de la vie et de la culture populaire du Mexique ; l'art et l'artisanat actuels sont d'ailleurs plus présents sur les marchés et chez les particuliers que dans les musées.

Thèmes

Icônes religieuses, rites, jour des Morts.

Symboles

Animaux, oiseaux, soleils, serpents, squelettes, crânes.

Matériaux

Jade, turquoise, pierre, céramique, étain, bronze.

Objets

Textiles, masques, poteries, poupées, carreaux de Céramique.

Lieux

Églises, Palenque, Tulum, Monte Albán, Mexico.

La nature est une source d'inspiration inépuisable ; observez les plantes rares et les formes naturelles pour créer des motifs, des textures, des couleurs et des contrastes intéressants.

Sur ce panneau, la combinaison de tesselles de différents matériaux crée un effet remarquable. L'utilisation de couleurs éclatantes et l'emploi de verre teinté pour le soleil, serti dans le bleu du ciel, se conjuguent pour donner une impression de lumière scintillante et de chaleur enveloppant le paysage désertique. Toutes les associations de tesselles sont possibles. Utilisez un mélange de terres cuites, de carreaux non vernissés, de carrelages, de morceaux de miroir, de faïence, de galets et d'éclats brillants de verre teinté.

Panneau mural cactus

Fournitures
papier-calque
marqueur
carreaux de faïence
pâtes de verre
verre teinté
planche de bois solide
colle blanche ou jaune
ciment-colle
mortier à joints

Matériel
masque et lunettes de protection
pince coupe-carreaux
pince de mosaïste
couteau à peindre ou petite truelle
raclette en caoutchouc
gants de caoutchouc
éponge et tampons à récurer
chiffon non pelucheux

Préparer le dessin

Préparez la planche en ponçant les arêtes vives et en appliquant une solution de colle blanche et d'eau (1 volume de colle pour 4 volumes d'eau). Dessinez ou décalquez le dessin sur la planche et tracez clairement les contours au marqueur. Indiquez les principales couleurs dans les sections adéquates.

ASTUCE **Posez une feuille de papier-calque sur le modèle. Vous pouvez l'agrandir ou le réduire selon la place dont vous disposez. Avec un crayon dur, tracez le contour du dessin. Retournez le papier-calque et repassez les contours au crayon gras. Retournez à nouveau le papier et placez-le sur la planche de bois, en le fixant avec du ruban à masquer. Redessinez le contour au crayon dur, en appuyant bien fort pour que les traces de crayon de l'autre côté s'impriment sur la planche. Repassez le dessin au marqueur.**

Trier les couleurs

Coupez les tesselles, puis mélangez les différents matériaux, formes, tailles et tons d'une même couleur. Formez des tas dans lesquels vous puiserez au fur et à mesure, en conservant les couleurs séparées. Rognez les tesselles à la taille souhaitée avec la pince de mosaïste.

Construire le tableau

En travaillant selon la méthode directe, collez les tesselles sur la planche avec un peu de ciment-colle (n'en étalez qu'un peu à la fois, pour éviter qu'il ne sèche trop vite). Travaillez chaque section du panneau séparément, en commençant par les détails et le premier plan et en finissant par le fond. Associez des tesselles de matériaux différents : verre teinté et carreau de faïence ou pâte de verre, par exemple, pour donner de la texture et de la variété à la surface.

Katy Hall

Terminer le fond

Posez les tesselles du fond en dégradant les tonalités au fur et à mesure que vous vous rapprochez du soleil, afin de créer un effet de chaleur. Incluez des tons chauds dans le sable et soulignez le lézard de petites tesselles sombres pour le faire ressortir. Quand toutes les tesselles sont en place, laissez la mosaïque sécher à plat environ 48 heures.

Appliquer le mortier

Dans un seau, préparez un mortier brun clair, et étalez-le sur la mosaïque avec une petite truelle ou un couteau à peindre. Ôtez l'excédent avec une raclette et lissez les bords.

Nettoyer le panneau

Éliminez les résidus de mortier avec une éponge humide (utilisez un tampon à récurer pour les traces récalcitrantes), et lustrez le panneau avec un chiffon sec et non pelucheux lorsque le mortier est sec au toucher.

Légendes

mélange de verre teinté bleu pâle et moyen, avec pâtes de verre et faïence turquoise, bleu marine, bleu de cobalt, bleu pâle et bleu moyen

faïence et pâtes de verre brunes et bronze

mélange de faïence et pâtes de verre jaunes, rouges, orange, ocre, sable, or et pierre, plus ou moins claires et vives

mélange de pâtes de verre et de faïence vert foncé, vert moyen et vert mousse

faïence noire

Modèle

Autres versions

Expérimentez les associations de textures. Choisissez par exemple des carreaux rugueux et non vernissés pour le sable et des bleus lisses et brillants pour le ciel. Vous pouvez également ajouter quelques fragments multicolores de vaisselle brisée pour parfaire les détails.

L'assemblage de couleurs chaudes et l'emploi de tesselles réfléchissant la lumière permet de créer une atmosphère de chaleur marquée.

- divers tons de faïence jaune et orange
- terre cuite non vernissée
- divers tons de faïence rouge, violette et pourpre
- faïence noire
- verre teinté turquoise
- faïence bleu marine
- faïence émeraude
- faïence vert gazon
- faïence blanche

- divers tons de faïence jaune, orange et rouge
- faïence noire
- faïence vert gazon
- faïence émeraude
- faïence violette
- faïence bleue
- faïence brune
- faïence blanche

Il suffit de changer les couleurs pour obtenir un tableau très différent, mais qui reste empreint d'une sensation de forte chaleur.

Cette cheminée d'inspiration mexicaine est composée d'un extraordinaire assortiment de carreaux de faïence brisés, fragments de vaisselle décorée et céramique. Le motif se détache clairement du fond grâce à l'emploi d'un mortier coloré et de tesselles contrastées. Les couleurs et motifs donnent vie à cette cheminée, sans avoir à tailler les tesselles dans des formes précises.

Cheminée mexicaine

Fournitures
carreaux de faïence blanche
faïence noire et blanche
fragments de vaisselle multicolore et décorée
carton fin
ruban à masquer ou adhésif double face
colle blanche ou jaune
ciment
teinture rouge pour ciment

Matériel
masque et lunettes de protection
pince coupe-carreaux
pince de mosaïste
truelle
papier de verre à gros grain
ciseaux
cutter
seau
gants de caoutchouc
éponge et tampons à récurer

Steve Wright et Donald Jones

Préparer le dessin
Préparez la surface de la cheminée. Si elle est très lisse, rayez-la avec du papier de verre grossier, puis enlevez les résidus avant d'appliquer une solution de colle blanche et d'eau (1 volume de colle pour 4 volumes d'eau). Dessinez les contours du motif au marqueur noir directement sur la surface.

Préparer les tesselles
Taillez les tesselles grossièrement à l'aide du coupe-carreaux et de la pince de mosaïste. Pour les détails, vous n'aurez besoin que de faïence blanche et noire, pour séparer les motifs et le fond. Placez les tesselles dans un récipient ou une assiette, de façon à les avoir à portée de main au moment de les poser sur le ciment.

Commencer par une section
Choisissez un premier motif et séparez-le avec une cloison en carton (voir Astuce, p. 62). Préparez une petite quantité de ciment dans un seau, en respectant les instructions du fabricant, ajoutez un peu de teinture rouge. Versez le ciment dans la partie cloisonnée, puis posez les tesselles. Choisissez-les au hasard, sans essayer de les juxtaposer très précisément ; le ciment jouant un grand rôle dans l'aspect général, les joints peuvent être irréguliers. Il vous faudra travailler par petites sessions rapides, pour que le ciment ne durcisse pas avant d'avoir posé les tesselles. L'aide d'un assistant peut s'avérer très utile. À mesure que vous avancez, nettoyez l'excédent de ciment sur la surface de la mosaïque avec une éponge humide. Tout résidu récalcitrant doit être rapidement éliminé au tampon à récurer.

Terminer les autres motifs
Quand toutes les tesselles sont en place, laissez la mosaïque sécher puis passez à l'étape suivante, et recommencez le processus. Terminez tous les motifs, puis laissez sécher 48 heures afin de laisser le ciment durcir complètement. Lorsque le ciment est sec, retirez soigneusement les cloisons de carton.

ASTUCE

Afin de pouvoir travailler une section après l'autre – le ciment durcit très vite –, fabriquez des cloisons pour créer les divisions. Coupez dans un carton fin de longues bandes. Incisez la longueur du carton avec un cutter, à 4 cm environ du bord, et pliez le long de cette ligne. Fixez le carton autour de la section à cimenter avec du ruban à masquer ou double face. Appuyez bien pour que le ciment ne s'infiltre pas sous la cloison.

Cloison en carton.

Remplir le fond

Travaillez le fond de la même manière, par petites sections cloisonnées. Appliquez le ciment en petite quantité à l'aide d'une truelle, puis collez les morceaux de vaisselle décorée au hasard. Là encore, n'essayez pas de faire coïncider les tesselles exactement, la diversité des couleurs et des espacements contribuera à l'effet général.

Modèle

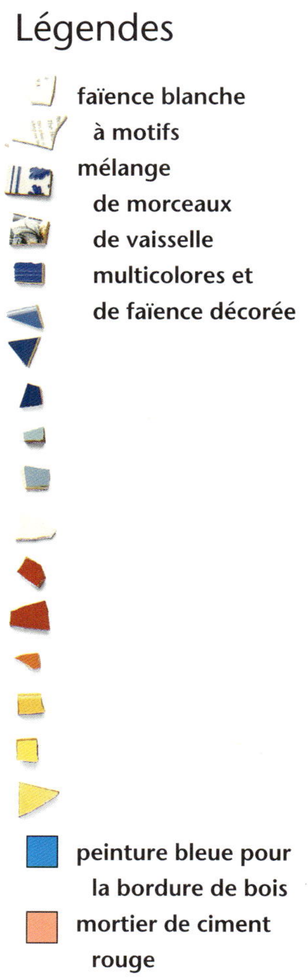

Autres versions

N'hésitez pas à utiliser des combinaisons insolites de vaisselle brisée multicolore et de carreaux de faïence décorés. Faites preuve d'audace : mélangez des couleurs contrastées et complémentaires à des couleurs de fond vives et à un mortier très coloré.

- faïence blanche
- vaisselle à motifs bleus et blancs
- verre teinté bleu
- peinture bleu outremer pour la bordure de bois
- mortier noir autour des motifs
- mortier ciment pour le fond

Dans cette version, les couleurs et les matériaux ont été réduits pour créer un effet plus sobre et plus discret.

Quelques fragments de miroir judicieusement placés réfléchiront la lumière du feu et souligneront le motif.

- faïence jaune
- miroir
- morceaux de vaisselle rouge
- peinture jaune pour la bordure de bois
- mortier blanc pour le fond
- mortier bleu autour des motifs

Ce panneau s'inspire d'un serpent aztèque en turquoise, qui servait probablement de décoration sur une coiffe. Dans cette version, toutefois, le serpent a été agrandi à 3 m de long. Alors que la version aztèque de ce serpent a été réalisée en turquoise, celle-ci utilise des carreaux de faïence. Les différentes teintes et épaisseurs des carreaux confèrent de la texture au serpent, et les petits triangles de miroir imitent sa peau.

Panneau serpent aztèque

Fournitures
papier-calque
bois
colle blanche ou jaune
eau
miroir
carreaux de faïence
peinture acrylique
mortier à joints en poudre

Matériel
scie sauteuse
masque et lunettes de protection
pince coupe-carreaux
pince de mosaïste
couteau à peindre
gants de caoutchouc
brosse
chiffon sec et propre

Préparer le support
Agrandissez le motif à la taille voulue et reportez-le sur le bois. Ce motif rend bien quel que soit le format. Le serpent présenté ici mesure 3 m de long, ce qui n'est guère adapté aux intérieurs domestiques, à moins que votre pièce soit suffisamment grande et qu'on puisse le voir à distance. Si ce n'est pas le cas, envisagez une version plus petite. Sciez soigneusement le bois en suivant le contour du motif. Apprêtez la surface du bois avec une solution de colle blanche et d'eau (1 volume de colle pour 4 volumes d'eau) appliqué à la brosse plate.

Couper les tesselles
Coupez grossièrement les carreaux en morceaux ; ceux-ci pourront être retaillés plus tard. La couleur turquoise est obtenue en mélangeant des carreaux bleus et verts. Pour répartir uniformément les différentes couleurs de tesselles, coupez la même quantité de chaque couleur et mélangez-les.

Poser les tesselles de couleur
En procédant selon la méthode directe, commencez par le bord extérieur et travaillez vers l'intérieur, en choisissant les tesselles au hasard. Collez-les sur le bois avec de la colle blanche. Si les tesselles ont besoin d'être taillées dans des formes plus précises, utilisez la pince de mosaïste. En suivant soigneusement le contour du motif, disposez d'abord toutes les tesselles bleues et vertes, puis les noires pour les yeux et les blanches pour les dents. Laissez sécher toute la nuit – les bords extérieurs doivent être solidement fixés avant d'entamer la mosaïque en miroir, afin d'éviter que des tesselles ne se détachent si le panneau doit être déplacé.

Fran Soler

Modèle

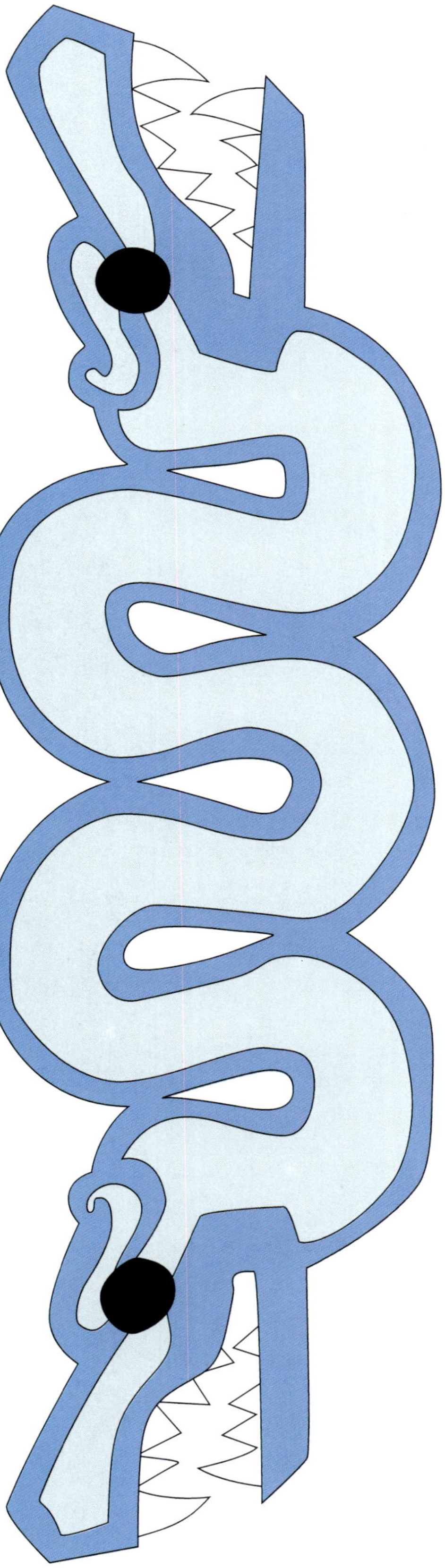

Ajouter les fragments de miroir

Coupez le miroir en petits triangles. Si vous travaillez sur une grande plaque de miroir, coupez-la d'abord en carrés de taille raisonnable (15 x 15 cm environ) puis en triangles. Le miroir se coupe de la même façon que les carreaux de faïence : incisez une ligne sur la surface, puis brisez le miroir avec les mors du coupe-carreaux. À ce stade, il est nécessaire de porter des gants, car le bord des triangles de miroir est extrêmement coupant. Collez-les sur le bois avec la colle blanche. N'essayez pas de les espacer très précisément, car le mortier contribue beaucoup à l'effet général. Quand toutes les tesselles sont en place, laissez le miroir sécher complètement (environ 48 heures) avant de jointoyer.

Jointoyer la mosaïque

Ce projet utilise deux mortiers de couleur différente : terre cuite pour la faïence et turquoise pour le miroir. Pour colorer le mortier, préparez une solution d'eau et de peinture acrylique. Ajoutez cette solution au mortier en poudre et mélangez comme à l'ordinaire. Sachez que la couleur sera plus claire une fois le mortier sec ; rajoutez éventuellement de la peinture pour accentuer la couleur. Il est conseillé de procéder à quelques essais avant de jointoyer la mosaïque. Commencez par jointoyer la faïence avec le mortier couleur de terre cuite. Travaillez de l'extérieur vers l'intérieur, en veillant à bien vous arrêter au bord du miroir. Appliquez le mortier au couteau à peindre, en l'insérant bien dans les joints. Essuyez l'excédent de mortier avec une éponge humide. Laissez sécher avant de jointoyer la partie miroir, cette fois avec un mortier turquoise.

Légende

carreaux de faïence

- **noir**
- **blanc**
- **bleu de cobalt**
- **bleu marine**
- **bleu à motifs**
- **bleu**
- **turquoise**
- **miroir**

Peindre le support

Lorsque le mortier est sec au toucher, ôtez les résidus avec un chiffon propre. Enfin, peignez le bord du panneau de bois à la peinture acrylique, dans la même teinte terre cuite que le mortier.

ASTUCE **On peut colorer le mortier avec de la teinture, du pigment ou, comme ici, de la peinture acrylique. Mélangez la peinture et l'eau jusqu'à l'obtention d'une consistance sirupeuse et ajoutez-la au mortier en poudre. Au début, elle forme des marbrures dans le mortier ; continuez de mélanger jusqu'à ce que la couleur soit répartie uniformément. La couleur s'éclaircissant en séchant, faites un essai préalable.**

Autres versions

Les couleurs vives et les formes simples vous permettent de jouer avec les textures : utilisez un mélange de tesselles de différentes épaisseurs, teintes et nuances.

- terre cuite non vernissée
- faïence turquoise
- faïence noire non vernissée
- faïence blanche

L'utilisation de tesselles de différentes textures et la juxtaposition de couleurs complémentaires accentuent encore le contraste entre le contour et le corps du serpent.

Cette combinaison inattendue de couleurs vives en faïence brillante a transformé un motif simple en une lumineuse composition abstraite.

- faïence violette
- faïence orange
- faïence rouge
- faïence vert pomme

Carreaux de faïence aux couleurs vives, motifs audacieux et surfaces irrégulières se conjuguent pour refléter la lumière et aviver les couleurs de cette jardinière en mosaïque inspirée de l'artisanat et des arts décoratifs mexicains. Toutes les associations de couleurs franches sont possibles, tous les morceaux de vaisselle brisée, unie ou décorée, peuvent être utilisés. Une occasion inespérée de recycler enfin vos objets cassés !

Jardinière mexicaine

Fournitures
enduit de rebouchage
papier de verre
papier-calque
crayon
marqueur
colle blanche ou jaune
ciment-colle
carreaux de faïence
mortier à joints
jardinière rectangulaire en terre cuite

Matériel
truelle
pinceau
masque et lunettes de protection
pince coupe-carreaux
pince de mosaïste
couteau à peindre
seau
raclette en caoutchouc
éponge
chiffon

Préparer le support

Préparez la surface de la jardinière en appliquant une solution de colle blanche et d'eau (1 volume de colle pour 4 volumes d'eau) avec un pinceau. Laissez sécher complètement. Les jardinières en terre cuite sont souvent gravées de décorations. Dans ce cas, comblez les rainures avec de l'enduit de rebouchage appliqué à la truelle ou au couteau à peindre (voir Astuce). Quand l'enduit est sec, poncez la surface au papier de verre, puis appliquez de nouveau la solution de colle et d'eau, afin que la mosaïque adhère. Laissez sécher à nouveau complètement.

ASTUCE **Comblez les rainures ou les motifs incrustés avec un enduit de rebouchage. Appliquez-le bien dans les sillons avec un couteau à peindre ou une petite truelle, puis lissez avec une raclette. L'enduit de rebouchage est un matériau très utile pour ces opérations ; assurez-vous que la surface est sèche et propre avant l'application. Une fois l'enduit sec, poncez la surface au papier de verre, puis passez une solution de colle et d'eau. Laissez sécher complètement avant de poser la mosaïque.**

Casser les carreaux

Avec la pince coupe-carreaux, cassez les carreaux de faïence en morceaux grossiers, que vous pourrez retailler ultérieurement. Séparez les couleurs en plusieurs tas, notamment les verts et les bleus, que l'on confond facilement.

Coller les tesselles

Collez les tesselles sur les côtés de la jardinière avec un peu de ciment-colle. Certains fragments de carreaux de faïence présentent des bosses ou des trous sur l'envers qui permettent au mortier de prendre lorsqu'on les utilise entiers, mais qui, pour la mosaïque, peuvent empêcher les tesselles de tenir à plat. Pour ce projet, il n'est pas nécessaire de poser les tesselles bien à plat, mais vous pouvez réduire les bosses avec la pince de mosaïste sans trop de dégâts.

Fran Soler

Terminer la pose

Décorez les côtés de la jardinière un par un, en réservant le bord supérieur pour la fin de façon à pouvoir manipuler facilement le pot pendant le travail. Quand toutes les tesselles sont en place, laissez sécher 48 heures avant de jointoyer.

Préparer le mortier

Préparez le mortier couleur terre cuite dans un seau. Si vous utilisez du mortier blanc, ajoutez de la teinture ou du pigment à l'eau avant de verser celle-ci sur le mortier en poudre. Il est difficile d'obtenir une couleur de terre cuite convaincante, le mortier, en effet, a tendance à devenir rose pâle en séchant s'il n'est pas suffisamment teinté. Faites un essai avant de jointoyer la mosaïque.

Jointoyer la mosaïque

Étalez le mortier sur un côté de la jardinière avec un couteau à peindre, en comblant bien les joints. Essuyez l'excédent avec une raclette, et passez au côté suivant. Continuez tout autour de la jardinière jusqu'au point de départ. Ôtez les résidus de mortier avec une éponge humide. Lorsque la mosaïque est sèche au toucher, lustrez-la au chiffon sec et non pelucheux. Laissez sécher quelques jours avant de faire vos plantations.

Modèle

Légendes

carreaux de faïence

orange
violet
turquoise pâle
rouge vif
turquoise
jaune vif
mortier terre cuite

VUE FRONTALE

VUE LATÉRALE

Autres versions

Cette jolie jardinière a été décorée de carreaux de faïence vernissés, mais on peut tout aussi bien utiliser des morceaux de porcelaine brisée pour les détails, ou de la faïence non vernissée pour un rendu plus sobre.

- vert vif
- rose vif
- turquoise
- jaune vert
- rouge vif
- bleu de cobalt
- mortier terre cuite

Ce mélange de tesselles vives et brillantes créant un effet gai et coloré égayera le rebord de votre fenêtre.

- violet
- turquoise
- bleu pâle
- sable
- vert d'eau
- bleu de cobalt
- mortier terre cuite

Pour un effet plus discret, optez pour des couleurs pâles. Choisissez une combinaison de coloris doux et de même intensité pour obtenir un résultat plus sophistiqué.

Autres versions

Cette jolie jardinière a été décorée de carreaux de faïence vernissés, mais on peut tout aussi bien utiliser des morceaux de porcelaine brisée pour les détails, ou de la faïence non vernissée pour un rendu plus sobre.

- vert vif
- rose vif
- turquoise
- jaune vert
- rouge vif
- bleu de cobalt
- mortier terre cuite

Ce mélange de tesselles vives et brillantes créant un effet gai et coloré égayera le rebord de votre fenêtre.

Pour un effet plus discret, optez pour des couleurs pâles. Choisissez une combinaison de coloris doux et de même intensité pour obtenir un résultat plus sophistiqué.

- violet
- turquoise
- bleu pâle
- sable
- vert d'eau
- bleu de cobalt
- mortier terre cuite

Inspiration islamique

La profusion de matériaux précieux et les motifs intriqués de la mosaïque islamique évoquent les œuvres de l'ère byzantine. Les mosaïstes islamiques ont su créer de véritables merveilles, notamment d'art architectural, souvent constituées de carreaux colorés prédécoupés et somptueusement juxtaposés. Alors que le style byzantin a pour principal sujet le Christ et les saints, l'art islamique ne laisse aucune place aux images de Dieu, se caractérisant par des représentations abstraites de formes naturelles, motifs géométriques et inscriptions.

Une mosaïque complexe à grande échelle décore le mausolée d'Haroun, à Ispahan.

Ci-dessous, les motifs de feuillage et les coloris de ce kilim roumain témoignent de l'influence des textiles islamiques dans les contrées de l'Europe de l'Est.

Le terme d'art islamique, très vague, recouvre une immense variété de styles, d'époques et d'applications, liés d'abord à la religion musulmane, mais aussi et surtout à l'art des différentes cultures islamiques. L'apogée de la civilisation islamique, du VIIe au XVIIe siècle, s'inscrit dans la période succédant la chute des empires romain et byzantin et précédant l'essor des pays occidentaux. À cette époque, les nations islamiques florissantes de Syrie, d'Égypte, d'Irak et d'Iran jouent un rôle déterminant dans le commerce intercontinental entre l'Orient et l'Occident. À l'origine, ce commerce est dominé par les textiles, ceux-ci occupent une place économique importante, mais constituent également, avant l'utilisation généralisée du papier, un moyen de véhiculer et

Ce détail de la mosaïque de la Grande Mosquée de Cordoue (xe siècle) présente des inscriptions arabes et des motifs floraux semi-abstraits.

Avec son toit doré étincelant et ses impressionnantes mosaïques, à l'intérieur comme à l'extérieur, le Dôme du Rocher de Jérusalem (ci-contre) a été érigé en 692.

Thèmes

Religion, géométrie, motifs répétés.

Symboles

Inscriptions, arbres, plantes.

Matériaux

Marbre, céramique, smalts, émail, pierre, or.

Objets

Livres, tapis, textiles, carreaux.

Lieux

JÉRUSALEM
Le Dôme du Rocher.

ESPAGNE
La Grande Mosquée de Cordoue.

IRAN
La mosquée du Shàh, Ispahan.

d'échanger des idées entre différentes régions. Les textiles islamiques sont une source d'inspiration inépuisable pour les mosaïstes, les motifs des tapis orientaux étant constitués de petites pièces de couleur très comparables à celles de la mosaïque. Réceptacles de la parole de Dieu, les livres jouent également un rôle culturel essentiel dans les arts islamiques et sont décorés d'illustrations originales. L'importance de l'écriture gagne les autres arts, et l'on voit des inscriptions orner aussi bien les sculptures que les édifices. Parmi les arts majeurs, la céramique, le verre, le travail du métal, la sculpture sur cristal et ivoire utilisent tous les mêmes symboles.

Le Dôme du Rocher, situé sur le mont Moriah, à l'emplacement du Temple de Salomon, est érigé à la fin du VIIe siècle. Souvent considéré comme la première œuvre d'architecture islamique, cet extraordinaire édifice octogonal était autrefois entièrement décoré de mosaïques. Les mosaïques extérieures ont été remplacées par des carreaux de faïence au XVIe siècle, mais l'intérieur est resté presque intact. Les murs bas sont recouverts de marbre, taillé et juxtaposé en motifs complexes. Tout autour du sommet de l'arcade de la façade intérieure, figurent des mots très joliment calligraphiés, parmi les plus anciens vestiges connus du texte du Coran. Les murs hauts de l'octogone et le tambour sont couverts d'une mosaïque étincelante de tesselles de verre doré. La plupart de ces décorations représentent des fleurs, des plantes, des arbres, des bijoux et des calices ; autrefois utilisé pour les bordures et les fonds de la mosaïque byzantine, ces motifs deviennent le sujet central des ornements. Autre édifice islamique d'importance, la Grande Mosquée de Cordoue, capitale de l'Espagne musulmane au Xe siècle, a été construite avec des matériaux venus de Constantinople et magnifiquement décorée de mosaïques en verre doré et en marbre sculpté. La mosquée du Shàh, à Ispahan, est également remarquable par son extraordinaire décor. Les murs sont revêtus de céramique vernissée multicolore, et le portail d'entrée orné d'une mosaïque composée de carreaux de faïence de sept couleurs issus de carreaux plus grands – une technique relativement commune pour la mosaïque architecturale, mais qui ne reste pas moins l'un des plus beaux exemples qui soit.

Des couleurs froides, des textures lisses et des motifs élaborés décorent ce plateau de table s'inspirant de superbes motifs géométriques islamiques et de céramiques anciennes, souvent peintes en bleu de cobalt ou en turquoise.

Table à motif géométrique

Fournitures
papier-calque
crayon et marqueur
contreplaqué (5 plis)
colle blanche ou jaune
assiettes de faïence à motif végétal bleu
pâtes de verre
grès cérame mat
sable
ciment
pied de table

Matériel
masque et lunettes de protection
pince coupe-carreaux
pince de mosaïste
cutter
raclette en caoutchouc
gants de caoutchouc
seau
chiffons
tournevis

Préparer le support

Agrandissez le motif aux dimensions de votre table en vous aidant d'un photocopieur. Dessinez ou décalquez le motif sur le contreplaqué, et tracez le contour au marqueur. Préparez la surface du bois (voir Astuce).

Commencer par les volutes centrales

Avec la pince de mosaïste, taillez les tesselles. Pour les courbes, rognez les deux coins inférieurs de la tesselle afin d'effiler la forme : ainsi, celles-ci épouseront mieux la courbe. Commencez par les volutes centrales colorées, placez les tesselles en appliquant au dos un peu de colle blanche. Soulignez les volutes avec un rang de tesselles bleu pâle et à motif sélectionnées au hasard. Puis procédez au bord extérieur, en juxtaposant des tesselles d'un bleu plus franc et des tesselles mouchetées en une ligne continue.

ASTUCE **Une autre façon de préparer une surface en bois consiste à inciser des lignes profondes avec un cutter, selon un motif quadrillé. Le panneau de particules devra être apprêté avec une solution de colle blanche et d'eau (1 volume de colle pour 4 volumes d'eau) après l'incision. Les lignes ainsi entaillées facilitent l'adhérence du mortier ou du ciment-colle.**

Terminer le fond

En suivant le sens du motif présenté sur le modèle, construisez le fond en lignes incurvées. Les tesselles seront choisies au hasard, mais tâchez d'obtenir un certain équilibre entre les divers tons de bleu et les tesselles décorées. Terminez le bord de la table en collant des tesselles tout autour du chant. Lorsque toutes les tesselles sont en place, laissez sécher pendant 48 heures avant de jointoyer.

Norma Vondee

Préparer le mélange de sable et de ciment

Enfilez des gants de caoutchouc. Ajoutez de l'eau au mélange – 1 volume de ciment pour 3 volumes de sable – jusqu'à ce que celui-ci présente une consistance friable et humide. Additionnez un peu de teinture à ciment à ce stade, si vous souhaitez le colorer. Étalez le mélange de sable et de ciment sur la surface de la mosaïque à l'aide d'une raclette, en comblant bien tous les joints, et lissez le bord de la table de façon à ce qu'il n'y ait aucune partie saillante. Retirez l'excédent de mortier avec un chiffon mouillé, puis recommencez l'opération avec un chiffon humecté pour bien nettoyer la mosaïque, avant de la lustrer avec un chiffon sec.

Laisser prendre le mortier

Le mortier de sable et de ciment devrait sécher en 48 heures. Laissez le plateau de table sécher dans une pièce froide, en recouvrant la mosaïque d'un chiffon légèrement humide ; ne laissez pas le chiffon sécher. Couvrez le tout d'une feuille de plastique et vérifiez de temps en temps que le chiffon est encore humide.

Assembler le plateau et le pied

Au bout de deux jours, le plateau de table est prêt. Il ne vous reste qu'à assembler les deux parties de la table.

Modèle

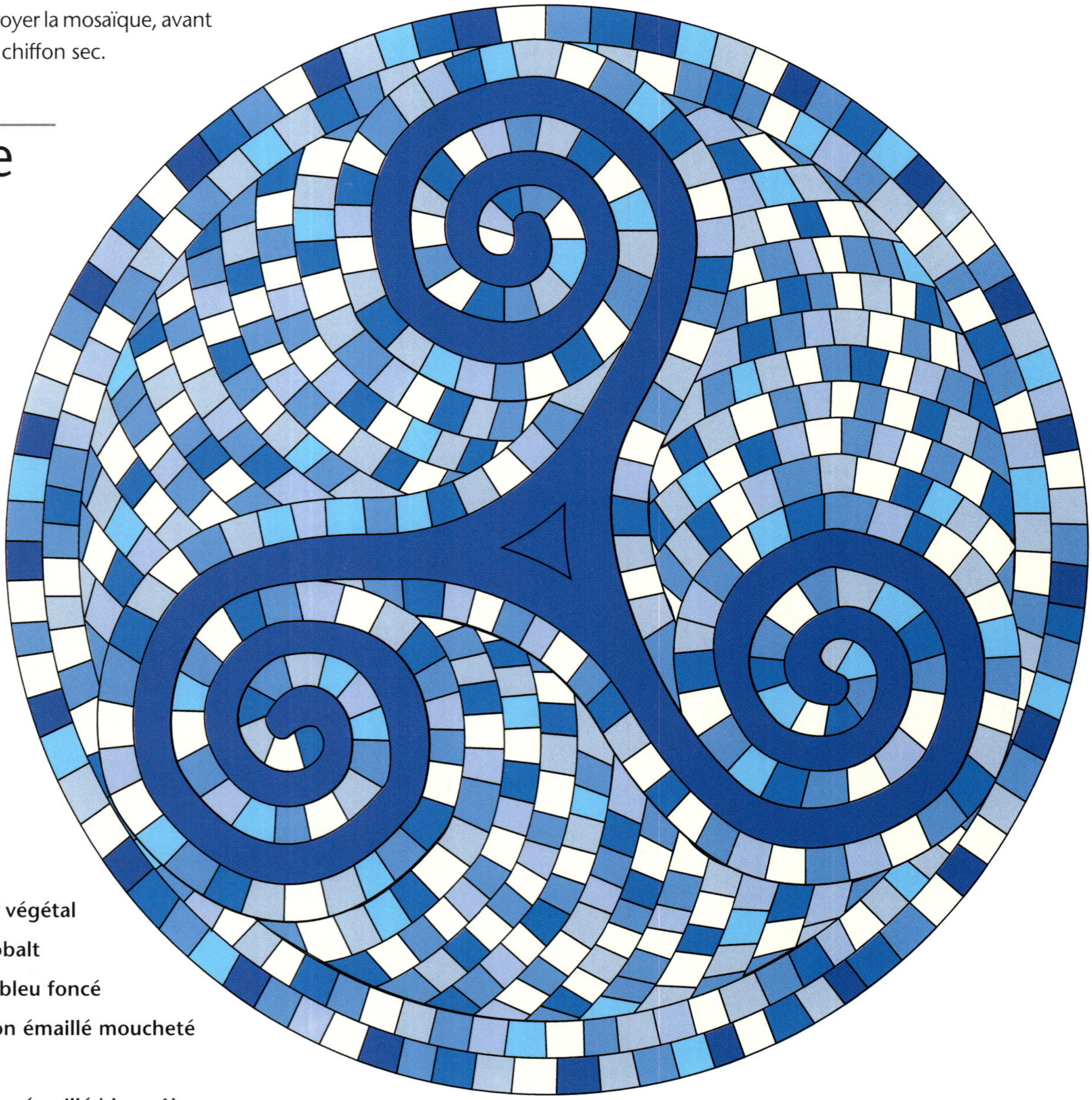

Légendes

- faïence à motif végétal
- grès bleu de cobalt
- pâtes de verre bleu foncé
- grès cérame non émaillé moucheté de bleu
- grès cérame non émaillé bleu pâle
- grès cérame non émaillé blanc

Autres versions

Accentuez le contraste entre le motif et le fond en utilisant des couleurs franches pour les volutes et des tesselles pâles ou subtilement décorées pour le fond.

mélange de pâtes de verre
noires et gris pâle,
de faïence à motif blanc
et gris
et de grès cérame blanc cassé
grès cérame non émaillé noir

Ici, le contraste marqué entre le noir, le blanc et le gris produit un motif audacieux qui attire l'œil. Vous pouvez peindre le pied de la table dans un coloris assorti.

mélange de faïence
à motif floral,
de grès cérame blanc
et ocre pâle et de pâtes
de verre jaunes et orange
grès cérame terre cuite

De délicates tesselles à motif floral pour les volutes, associées à un mélange de jaune, d'ocre et de terre cuite pour le fond, créent un effet chaleureux.
Utilisez une combinaison de tesselles brillantes et mates pour une finition texturée.

Panneau mural islamique

Fournitures
papier millimétré
crayons noirs
crayons de couleur
marqueur
papier-calque
pâtes de verre
colle blanche ou jaune
carrés de panneau de particules
mortier à joints

Matériel
masque et lunettes de protection
pince de mosaïste
pinceau
tampon à récurer
truelle
éponge
seau
chiffons
raclette en caoutchouc

Ce ravissant panneau aux motifs complexes a été conçu et réalisé par les élèves de la Stoke Newington Secondary School de Londres, avec l'aide de leur professeur d'art Susan Goldblatt. Par groupes, les élèves ont étudié les tapis, les carreaux et les textiles orientaux pour y puiser des idées avant d'élaborer les motifs. Chacun a participé à la conception et à la réalisation des différentes sections de mosaïque, pour créer un panneau mural qui embellit toute l'école.

ASTUCE

Les motifs géométriques sont plus faciles à dessiner sur du papier millimétré. Tracez le contour du bord extérieur au marqueur, et dessinez le motif au crayon, puis repassez-le au marqueur lorsqu'il vous satisfait. Le quadrillage du papier sert de repère et facilite la création d'un motif symétrique.

Dessiner les sections

Dessinez chaque section sur du papier millimétré, en gardant à l'esprit qu'elles seront assemblées ultérieurement pour former une seule image ; équilibrez la géométrie et la symétrie en conséquence. Agrandissez chaque section séparément à la photocopieuse, et coloriez les motifs avec les crayons de couleur. Limitez le nombre de couleurs à 5 ou 6 par motif, et utilisez toujours les mêmes pour toutes les sections ; cela donnera une unité au panneau.

Appliquer la colle sur le support

Préparez la surface du panneau de particules en appliquant une solution de colle blanche et d'eau (1 volume de colle pour 4 volumes d'eau) au pinceau. Vérifiez que toutes les sections sont de même dimension, afin que le panneau puisse être assemblé facilement.

Reporter les motifs sur le bois

Décalquez les motifs sur le bois. Repassez les contours au marqueur et inscrivez les couleurs aux endroits appropriés.

Susan Goldblatt

Modèle

Légendes

pâtes de verre

Coller les tesselles

Coupez les tesselles à la taille voulue avec la pince de mosaïste. Faites attention aux éclats de verre : portez un masque et des lunettes de protection. Posez les tesselles en appliquant une pointe de colle sur la face rainurée (la face lisse constituant la surface de la mosaïque). Quand toutes les tesselles sont en place, laissez-les sécher toute la nuit avant de jointoyer.

Jointoyer la mosaïque

Dans un seau, préparez un mortier foncé en suivant les instructions du fabricant. Étalez le mortier sur la surface de la mosaïque à l'aide d'une truelle, en comblant bien les joints. Lissez la surface avec une raclette. Éliminez l'excédent de mortier avec une éponge humide, et lustrez la mosaïque avec un chiffon sec lorsque le mortier est sec au toucher. Ôtez les résidus récalcitrants avec un tampon à récurer.

Assembler et fixer la mosaïque au mur

Quand toutes les sections sont terminées et que le mortier est complètement sec, assemblez les sections en les fixant sur une planche de support avec de la colle forte. Vérifiez que la colle est complètement sèche avant de suspendre le panneau au mur.

Autres versions

Ces modèles ne présentent qu'une section sur les neuf formant le panneau. Les couleurs proposées pour chaque variante peuvent être combinées différemment sur les autres panneaux. Il suffit de laisser libre cours à votre imagination !

carreaux de faïence

- ocre
- turquoise
- bleu ciel
- vert foncé
- blanc

Utilisez des couleurs naturelles, pour créer une belle harmonie de vert forêt et de bleu océan.

carreaux de faïence

- rouge
- vert moyen
- ocre
- violet
- orange

Pour un rendu plus moderne et coloré, privilégiez des couleurs complémentaires vives, afin de donner du mouvement et du rythme aux motifs élaborés.

Cette boîte s'inspire des kilims et des tapis orientaux, réputés pour leurs somptueuses couleurs et leurs motifs élaborés. Des formes géométriques imbriquées se succèdent sur les côtés de la boîte. Ce type de motif répété peut être agrandi ou réduit, élargi ou compressé, pour s'adapter à toutes les formes de boîte.

Boîte à crayons kilim

Fournitures
boîte en bois
papier millimétré
papier-calque
crayons de couleur
marqueur
colle blanche ou jaune
ciment-colle
mortier à joints
pâtes de verre

Matériel
pince de mosaïste
pinceau
papier de verre
couteau à peindre
masque et lunettes de protection
seau
raclette en caoutchouc
éponge et chiffon sec
tampon à récurer

Concevoir le motif

Prenez les dimensions de votre boîte et dessinez le contour sur du papier millimétré. Tracez un quadrillage de carrés de 1 cm à l'intérieur du contour. Avec quatre crayons de couleur, dessinez le motif afin qu'il rentre parfaitement dans le contour. Numérotez chaque couleur et annotez les carrés en conséquence. Prenez une feuille de papier-calque et reproduisez soigneusement le motif.

Préparer la boîte

Poncez la surface de la boîte avec du papier de verre pour éliminer toute trace de peinture ou de vernis ancien. Reportez le motif sur la boîte ; vous jugerez peut-être plus facile de dessiner directement sur la boîte en copiant votre dessin, car il est très délicat de décalquer de petits carrés (voir Astuce, p. 57). Inscrivez soigneusement au marqueur le numéro des couleurs dans les carrés. Appliquez une solution de colle blanche et d'eau (1 volume de colle pour 4 volumes d'eau), puis laissez sécher la boîte complètement.

Poser les tesselles

Pendant que la boîte sèche, coupez les tesselles en carrés avec la pince de mosaïste. Essayez d'être très précis, afin que les bords coïncident. Commencez par les côtés du couvercle. Étalez un peu de ciment-colle sur le bois et pressez fermement les tesselles dessus, face lisse vers vous. Les pâtes de verre ont des bords biseautés qui doivent s'aligner parfaitement le long du bord supérieur des côtés, afin de garantir un bord bien droit entre le dessus du couvercle et les côtés.

ASTUCE **Pour coller des tesselles sur une boîte à couvercle, il est essentiel de les aligner de façon que celui-ci puisse être ouvert et fermé aisément, sans créer d'espace avec la base. Il vous faudra tailler les tesselles très précisément, sans les faire dépasser du bord.**
Les pâtes de verre présentent un bord biseauté sur l'envers, ce qui permet de les assembler parfaitement aux angles de la boîte. Si vous coupez vos tesselles en petits carrés, assurez-vous que vous les placez correctement afin que les bords biseautés se rejoignent aux coins.

Richard Hanson

Modèle

VUE DE DESSUS

VUE LATÉRALE

Travaillez lentement et méthodiquement sur les côtés du couvercle, en juxtaposant étroitement les tesselles. Laissez sécher complètement avant de vous attaquer au dessus du couvercle ; attelez-vous à la décoration de la base de la boîte pendant que le couvercle sèche. Une fois toutes les sections de la boîte recouvertes de mosaïque, laissez-la sécher toute la nuit.

Jointoyer la boîte

Préparez un mortier foncé fin, et appliquez-le au couteau à peindre, en comblant bien les joints. Essuyez l'excédent avec une raclette et une éponge humide. Éliminez les résidus récalcitrants avec un tampon à récurer et de l'eau. Lorsque le mortier est sec au toucher, lustrez la boîte avec un chiffon non pelucheux.

Légendes

pâtes de verre

- rose gris
- vert d'eau
- bleu de cobalt
- fauve

VUE FRONTALE

Autres versions

Tout ce dont vous avez besoin pour réaliser ce motif, ce sont quatre couleurs de tesselles. Vous pouvez combiner différentes sortes de tesselles, par exemple un mélange de faïence vernissée et non vernissée, mais veillez à ce qu'elles soient de la même épaisseur pour garantir une surface plane.

pâtes de verre

- pierre
- ocre
- magenta
- rouge

Des couleurs vives et soutenues posées contre des couleurs neutres et pâles produisent de surprenants résultats. Choisissez un mortier foncé pour rehausser les tesselles.

pâtes de verre :

- gris bleu
- rose
- gris moyen
- vert mousse

Cette harmonie de teintes pastel crée un effet doux ; le mortier de jointoiement pâle fera ressortir les coloris.

Riche d'une civilisation et d'une culture plusieurs fois millénaires, l'Orient est une source intarissable d'inspiration. Objets religieux et pratiques plutôt que purement esthétiques, la plupart des œuvres issues de l'art oriental ont été réalisées selon des techniques strictes et traditionnelles, générant un art d'une grande portée symbolique et spirituelle.

Les motifs orientaux traditionnels – libellules, fleurs et roseaux – ornent ce vase de porcelaine de Saigon, datant du XIXe siècle.

INSPIRATION ORIENTALE

La religion, en particulier le bouddhisme, occupe une place centrale dans l'histoire de l'art oriental. Fondé en Inde, le bouddhisme est introduit en Chine et au Japon par les marchands indiens, disciples des enseignements de Siddhartha (connu plus tard sous le nom de Bouddha), lui-même né au Népal aux environs de 560 avant J.-C. Bouddha est très présent dans l'art indien, sous la forme de peintures et autres objets d'art utilisés comme icônes religieuses. Les artistes et artisans développent un grand sens du détail et de la couleur, utilisant le symbolisme religieux et spirituel pour créer les fondements de l'art indien : autels rupestres, peintures, sculptures ornementales, bronzes de Bouddha, sculptures de dieux hindous et temples et palais somptueusement décorés. Les carreaux vernissés et colorés, produits à Lahore vers le début du XVIIe siècle, sont utilisés pour décorer les édifices de motifs abstraits aux couleurs vives évoquant des fleurs et des personnages.

La religion, mais également la superstition, l'astrologie et la mythologie, jouent un rôle déterminant dans l'histoire de la civilisation chinoise. La Chine ancienne se partageait en trois grandes religions : le confucianisme, le taoïsme et le bouddhisme, chacune dotée de valeurs différentes, mais se complétant. Le confucianisme intègre l'individu dans un ordre social, le taoïsme lui donne une place sur Terre, et le bouddhisme lui offre l'espoir d'une vie future.

Ces origamis japonais sont décorés de motifs traditionnels, tel le motif d'écailles, mais les couleurs sont vives et modernes.

Cet éventail du XVIIIe siècle est orné de matériaux naturels, plume et ailes d'insecte.

Les Chinois anciens ne font guère usage de mythes, et ce n'est que plus tard que les créatures mythologiques, comme le dragon, le Phénix et la licorne, apparaissent dans les récits et figurent sur les peintures, les textiles et autres formes artistiques. Les Chinois, qui excellent dans toutes les disciplines artisanales, créent alors de magnifiques récipients en bronze moulé, ainsi que de superbes laques et textiles, et deviennent célèbres pour leur extraordinaire porcelaine vers le milieu du XVIe siècle.

Au Japon, la première grande religion connue est le shintoïsme. Fondée sur la nature, elle repose sur le culte des êtres sacrés, ou *kami*, mais aussi des montagnes, des ruisseaux, des rochers et des arbres. Les autels et temples shinto présentent une grande simplicité, consistant souvent en une unique pièce vide sur pilotis, dépourvue de toute décoration sophistiquée, que l'on jugeait alors condamnable. Le bouddhisme pénètre au Japon via la Chine au VIe siècle avant J.-C., avec son cortège de rites élaborés et de temples richement décorés, tout à fait à l'opposé des humbles temples shinto. Sous l'influence des bouddhistes zen, le jardinage devient une véritable forme d'art. Les jardins japonais s'ornent de bonsaïs, de roches volcaniques, mousses, pièces d'eau, ruisseaux et allées disposés de façon à symboliser les différents aspects de la nature et à créer une atmosphère de paix et de méditation. Les artistes et artisans japonais sont passés maîtres dans le moulage du métal, la fabrication d'épées, le travail de la laque et les miniatures, ainsi que dans la création de somptueuses peintures sur soie et papier. La couleur et la forme prévalent sur le reste, privilégiant les différentes formes de la nature et de la spiritualité.

Bien qu'il n'y ait pas de véritable tradition mosaïste en Orient, l'art oriental est riche d'imagination et de sujets, de formes artistiques et de motifs textiles dont on peut s'inspirer.

« Krishna fait part de son état amoureux à son ami » : **illustration aux couleurs éclatantes d'un livre du XVIIIe siècle.**

Thèmes

Bouddhisme, taoïsme, confucianisme, shintoïsme.

Nature, astrologie, mythes et légendes, temples, palais, trônes.

Symboles

Éléphant, guerrier, papillon, dragon, licorne, Phénix, libellule.

Motifs

Montagnes, ruisseaux, vagues, nuages, rochers, arbres, fleurs.

Matériaux

Bois, papier, soie, bronze, jade.

Objets

Laques, porcelaine, textiles, kimonos, peintures, sculptures.

Lieux

Jardins paysagers, palais, autels, temples.

En combinant des techniques simples avec des formes complexes et des couleurs éclatantes, l'objet le plus ordinaire devient extraordinaire, comme en témoigne cet étincelant miroir à main transformé en véritable œuvre d'art par Steve Wright.

Miroir en forme de main

Fournitures
verre teinté
miroir
bois
colle blanche ou jaune
résine époxy
mortier blanc en poudre
peinture dorée

Matériel
scie sauteuse
masque et lunettes de protection
diamant et coupe-verre
pince coupe-carreaux
pince de mosaïste
seau
éponge
chiffon non pelucheux
pinceau
papier de verre

Préparer le support

Dessinez ou décalquez le motif sur le bois, en traçant précisément le contour au marqueur. Découpez la forme (voir Astuce) et poncez les bords rugueux. Préparez la surface du bois en appliquant une solution de colle blanche et d'eau (1 volume de colle pour 4 volumes d'eau). Laissez sécher complètement.

ASTUCE **Fixez le bois à l'établi avec un serre-joints. Découpez la forme à la scie, en suivant bien le contour. Il est plus facile et rapide d'utiliser une scie électrique, mais une scie manuelle fera également l'affaire. Poncez les bords rugueux au papier de verre.**

Couper et coller les tesselles

Coupez les tesselles avec le diamant et le coupe-verre. Rognez-les selon la forme voulue avec la pince de mosaïste. Pour effectuer cette opération, portez un masque et des lunettes de protection contre les éclats de verre, et, si possible, travaillez à l'extérieur. (Voir également Astuce, p. 119.)

Collez les tesselles avec un peu de résine époxy. Cette étape doit être exécutée à l'extérieur ou dans un endroit parfaitement ventilé, car la colle dégage des émanations toxiques. Laissez sécher complètement avant de jointoyer (quelques jours devraient suffire).

Steve Wright

Modèle

Appliquer le mortier

Jointoyez la mosaïque avec du mortier blanc ou de couleur claire – cela n'a pas vraiment d'importance, car il sera peint ultérieurement, mais préférez un mortier clair plutôt que foncé. Comblez bien les joints avec un couteau à peindre et lissez les bords. Éliminez l'excédent de mortier avec une éponge humide, puis lustrez la mosaïque avec un chiffon sec et non pelucheux, lorsqu'elle est sèche au toucher.

Peindre le mortier

Une fois la mosaïque complètement sèche et le mortier pris (environ 2 à 3 jours), peignez le mortier avec de la peinture acrylique dorée. Laissez sécher le miroir pendant 48 heures environ avant d'y admirer votre reflet.

Légendes

miroir

mélange de faïence décorée et de verre teinté jaune, orange, rouge, bleu ciel, bleu foncé, émeraude et turquoise

mortier doré

Autres versions

Choisissez des couleurs de pierres précieuses chatoyantes pour obtenir un effet brillant, ou optez pour un thème de couleurs froides et de mortier clair.

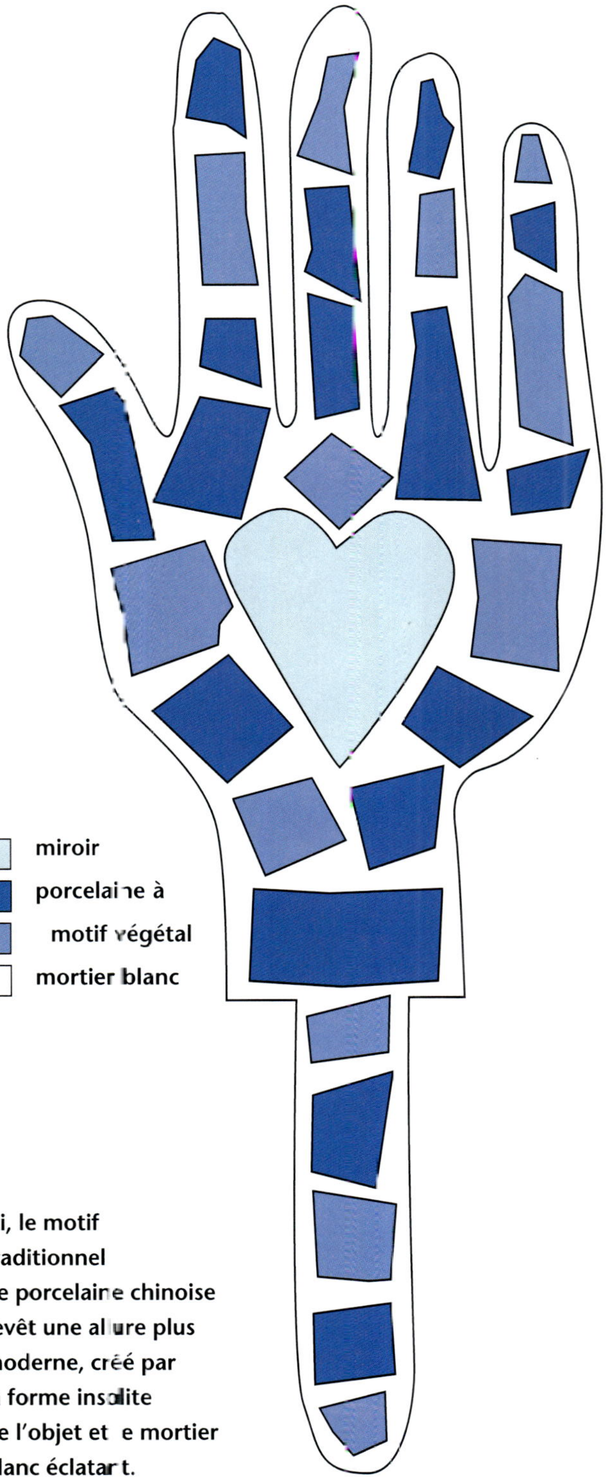

- miroir
- porcelaine à motif végétal
- mortier blanc

Ici, le motif traditionnel de porcelaine chinoise revêt une allure plus moderne, créé par la forme insolite de l'objet et le mortier blanc éclatant.

- miroir
- mélange de faïence vert turquoise, pêche et vert foncé
- mortier argenté

Cette variante présente une combinaison de faïences multicolores rehaussée par l'éclat discret d'un mortier argenté.

Dans cette mosaïque, l'association de matériaux disparates crée un contraste insolite entre les ronds noirs et le contour du papillon et les délicates lignes et couleurs irisées de ses ailes en verre teinté.

Dessous-de-plat papillon

Fournitures
papier fort
crayon
contreplaqué 5 plis
colle blanche ou jaune
verre teinté
carreaux de faïence
pâtes de verre
sable
ciment

Matériel
masque et lunettes de protection
ciseaux
pince coupe-carreaux
pince de mosaïste
cutter
raclette en caoutchouc
gants de caoutchouc
seau
chiffons

Avant de commencer

Pour la préparation du contreplaqué, il n'est pas nécessaire d'apprêter la surface avec une solution de colle ; les incisions suffiront à accrocher le ciment et le mortier. En revanche, si vous choisissez de réaliser ce projet sur un panneau de particules, il faudra apprêter la surface.

Préparer le motif et les tesselles

Dessinez ou décalquez le motif sur la planche de bois, et tracez les contours au marqueur. Incisez la surface avec un cutter, en formant une sorte de quadrillage. Taillez les carreaux et le verre avec la pince de mosaïste, en faisant particulièrement attention aux éventuelles projections de verre.

Réaliser le papillon

Travaillez d'abord sur les détails du motif, en collant les tesselles sur la planche avec une pointe de colle blanche. Rognez les coins des tesselles carrées pour former les ronds des ailes. La mosaïque paraîtra plus réaliste si vous coupez le verre teinté dans la longueur.

ASTUCE **Vous pouvez utiliser toutes les formes de papillon possibles. Prenez une feuille de papier fort et pliez-la en deux. Dessinez le contour d'un demi-papillon en utilisant la pliure pour centre. Découpez le gabarit aux ciseaux : vous obtiendrez un modèle de papillon parfaitement symétrique.**

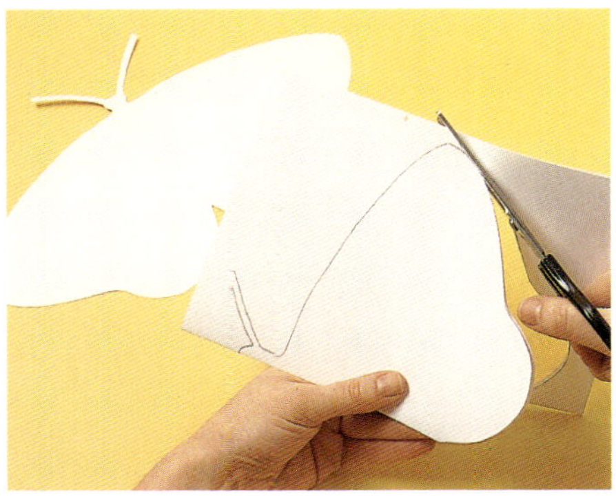

Norma Vondee

Modèle

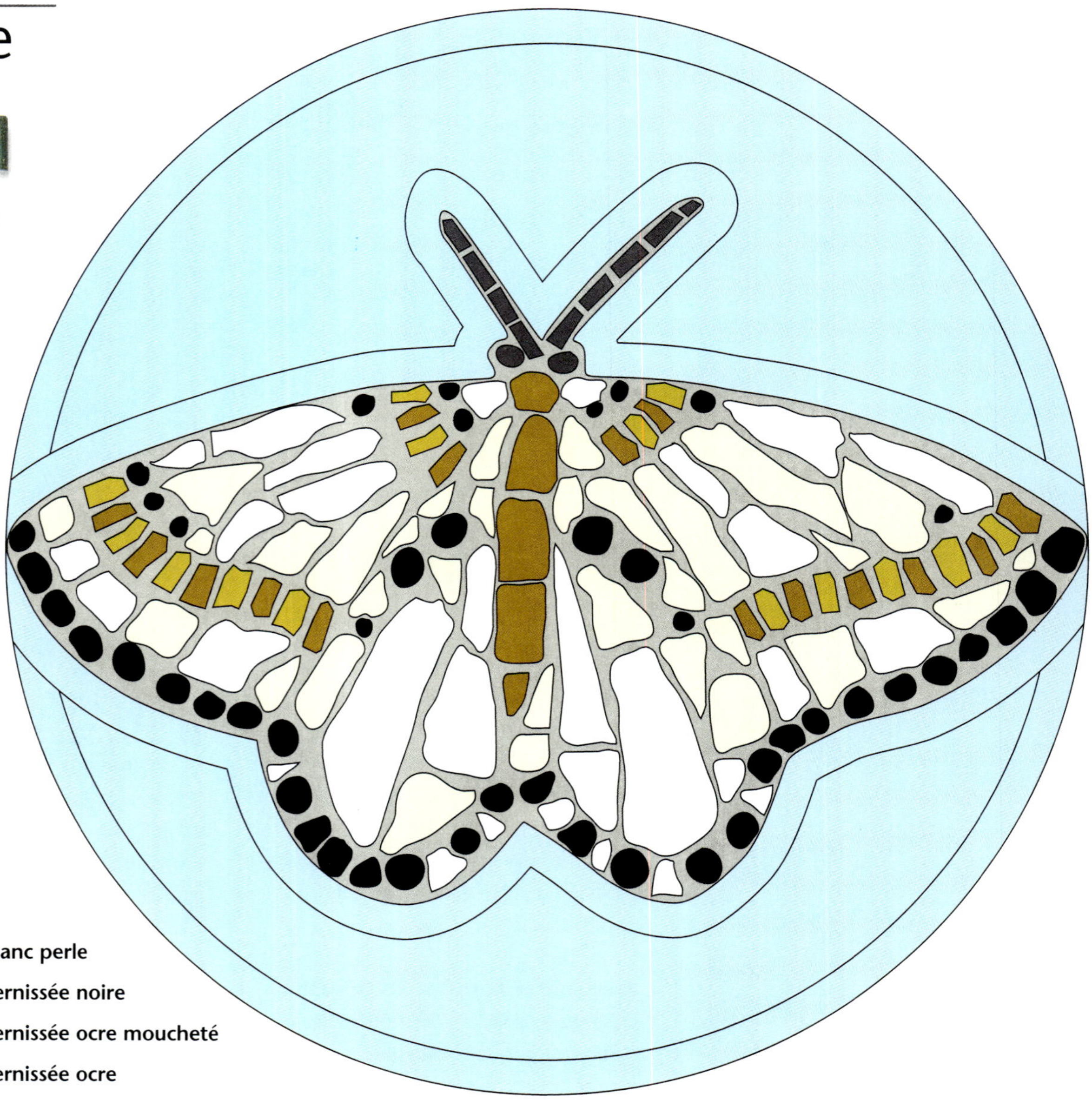

Légendes

- verre teinté blanc perle
- faïence non vernissée noire
- faïence non vernissée ocre moucheté
- faïence non vernissée ocre
- pâtes de verre bleues
- pâtes de verre noires

Remplir le fond

Commencez par former le contour du papillon avec la couleur du fond, puis suivez la courbe du bord de la planche de sorte que les tesselles fassent ressortir la forme du papillon. Une fois le fond recouvert, posez les tesselles sur le chant de la planche, et laissez sécher 48 heures avant de jointoyer.

Préparer le mélange de sable et de ciment

Dans un seau, versez peu à peu de l'eau sur le mélange de sable et de ciment (1 volume de ciment pour 3 volumes de sable), jusqu'à ce qu'il devienne humide et granuleux, mais pas saturé d'eau. À ce stade, vous pouvez ajouter un peu de teinture pour ciment pour obtenir la couleur désirée. Appliquez le mortier avec une raclette, en appuyant fortement pour bien combler les joints, puis lissez le pourtour. Retirez l'excédent de mortier avec un chiffon mouillé. Répétez l'opération avec un chiffon humide pour ôter tout résidu, et lustrez avec un chiffon sec.

Laisser sécher

Laissez la mosaïque sécher dans une pièce froide. Recouvrez-la d'un chiffon légèrement humidifié, et laissez le mortier prendre pendant 48 heures. Ne laissez pas sécher le chiffon ; conservez-le humide en le couvrant d'une feuille de plastique.

Autres versions

Pour un effet optimal, utilisez les délicates traînées colorées du verre teinté pour suggérer les veines des ailes du papillon, et choisissez des couleurs contrastées pour les ronds et les motifs.

- mélange de faïence non
- vernissée ocre pâle, pierre
- mouchetée et blanche
- mélange de verre teinté bleu
- de cobalt et bleu ciel
- pâtes de verre rouges
- faïence non vernissée noire

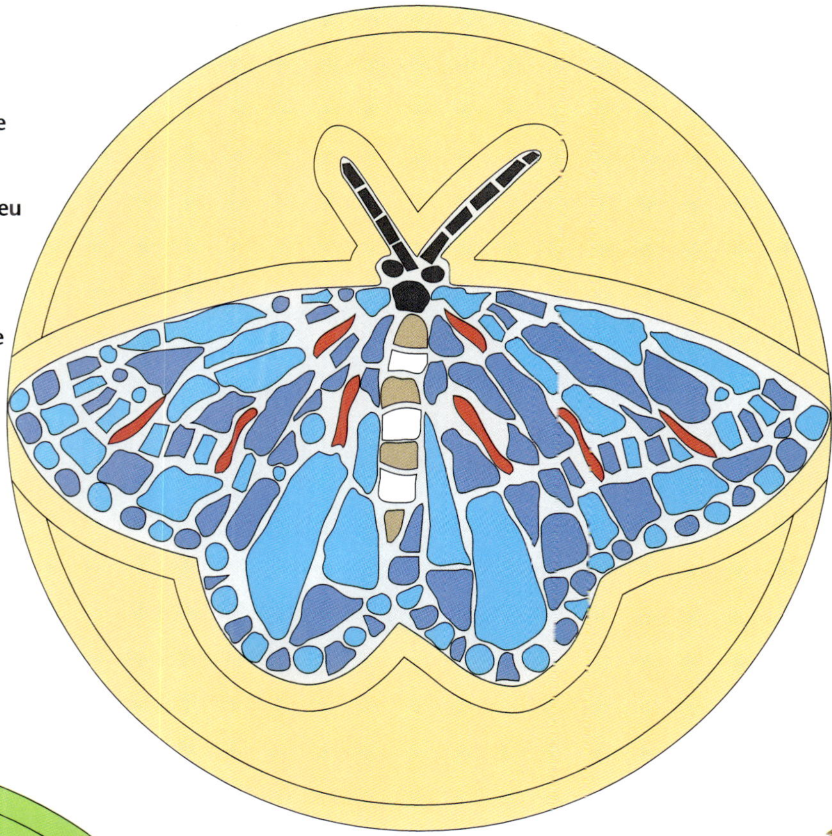

Cette combinaison de tons naturels ocre, bruns et rouges agrémentés d'une touche de verre teinté et de rehauts en pâte de verre rouge confère à cette mosaïque un aspect chaleureux.

- pâtes de verre vert vif
- mélange de faïence non
- vernissée brune et noire
- mélange de pâtes de verre
- rouges et blanches
- verre teinté noir

L'utilisation d'une couleur de fond vive, de détails lumineux et de tesselles de différentes textures produit un résultat remarquable.

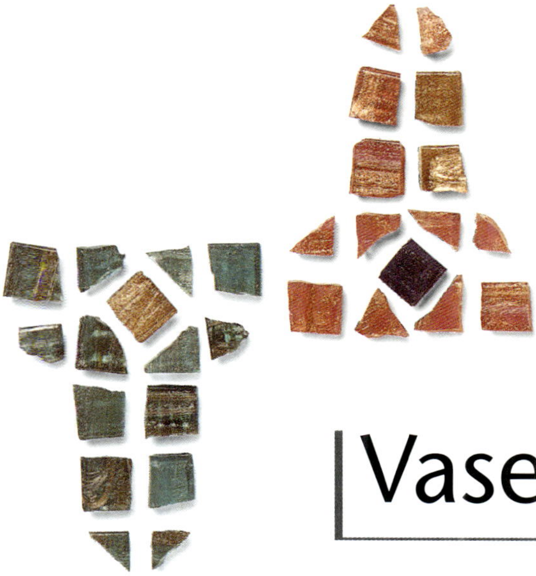

Sur ce vase aux formes simples, de belles tesselles lumineuses en verre teinté s'associent pour former une libellule sur fond pâle, créant ainsi une impression de profondeur. Tous les vases et pots peuvent être transformés, mais les formes les plus simples donnent les meilleurs résultats.

Vase aux libellules

Fournitures

vase en céramique
papier de verre
colle blanche ou jaune
verre teinté
carreaux de faïence
mortier à joints
marqueur
peinture émulsion

Matériel

pince coupe-carreaux
diamant
pince de mosaïste
pinceau
masque et lunettes de protection
couteau à peindre
raclette en caoutchouc
éponge
chiffon sec

Éliminer la glaçure au papier de verre

Préparez la surface du vase. Pour que les tesselles puissent adhérer à la surface, éliminer une partie de la glaçure au papier de verre. Il n'est pas nécessaire de tout ôter, suffisamment toutefois pour obtenir une surface rugueuse. N'enlevez pas l'émail à l'intérieur du vase, car celui-ci pourrait fuir. Le ponçage de la glaçure provoquant une très fine poussière, travaillez si possible à l'extérieur et portez toujours un masque et des lunettes de protection. Recouvrez la surface de colle blanche. Si vous travaillez sur un vase à motif, appliquez une couche de peinture émulsion une fois la colle sèche. Cela vous donnera un fond uni, et facilitera le report du motif. Lorsque la peinture est sèche à son tour, appliquez une nouvelle couche de colle blanche.

Reporter le dessin sur le vase

Dessinez ou décalquez le motif de libellule sur le vase. Espacez les libellules régulièrement sur la surface, et repassez bien les contours au marqueur.

Commencer par les détails

Coupez le verre en morceaux grossiers. Commencez par les détails de la libellule. Utilisez une tesselle de verre ronde pour la tête, en la rognant avec une pince de mosaïste. Fixez les tesselles avec un peu de colle blanche. Le corps et les ailes de la libellule doivent être formés avec de petites tesselles pour bien épouser l'arrondi du vase. Ajoutez les herbes de la même manière.

ASTUCE **Prenez un carré de verre teinté et rognez les coins à la pince de mosaïste. Continuez à tourner la pièce avec une main tout en rognant les bords avec l'autre. Travaillez tout autour afin qu'il ne reste pas de coins et que le carré devienne rond.**

Remplir le fond

Remplissez le fond avec des carreaux de faïence unie. Cassez les tesselles en fragments grossiers, et rognez-les selon la forme voulue avec la pince de mosaïste. Là encore, les tesselles doivent être suffisamment petites pour ne pas saillir de l'arrondi. Lorsque toutes les tesselles sont collées, laissez sécher le vase toute la nuit avant de le jointoyer.

Jointoyer et lisser la mosaïque

Dans un seau, préparez un mortier fin gris pâle ou argent en ajoutant un peu de teinture à l'eau ou en utilisant un mortier coloré. Étalez-le sur la mosaïque avec un couteau à peindre, en remplissant bien les joints. Éliminez tout excédent de mortier à la raclette, et lissez l'arrondi du vase en veillant à ce que rien ne dépasse. Nettoyez la surface avec une éponge humide et lustrez-la avec un chiffon sec lorsqu'elle est sèche au toucher.

Modèle

Légendes

- faïence blanche
- verre teinté vert foncé
- verre teinté turquoise
- verre teinté rouge
- verre teinté orange
- mortier gris argenté

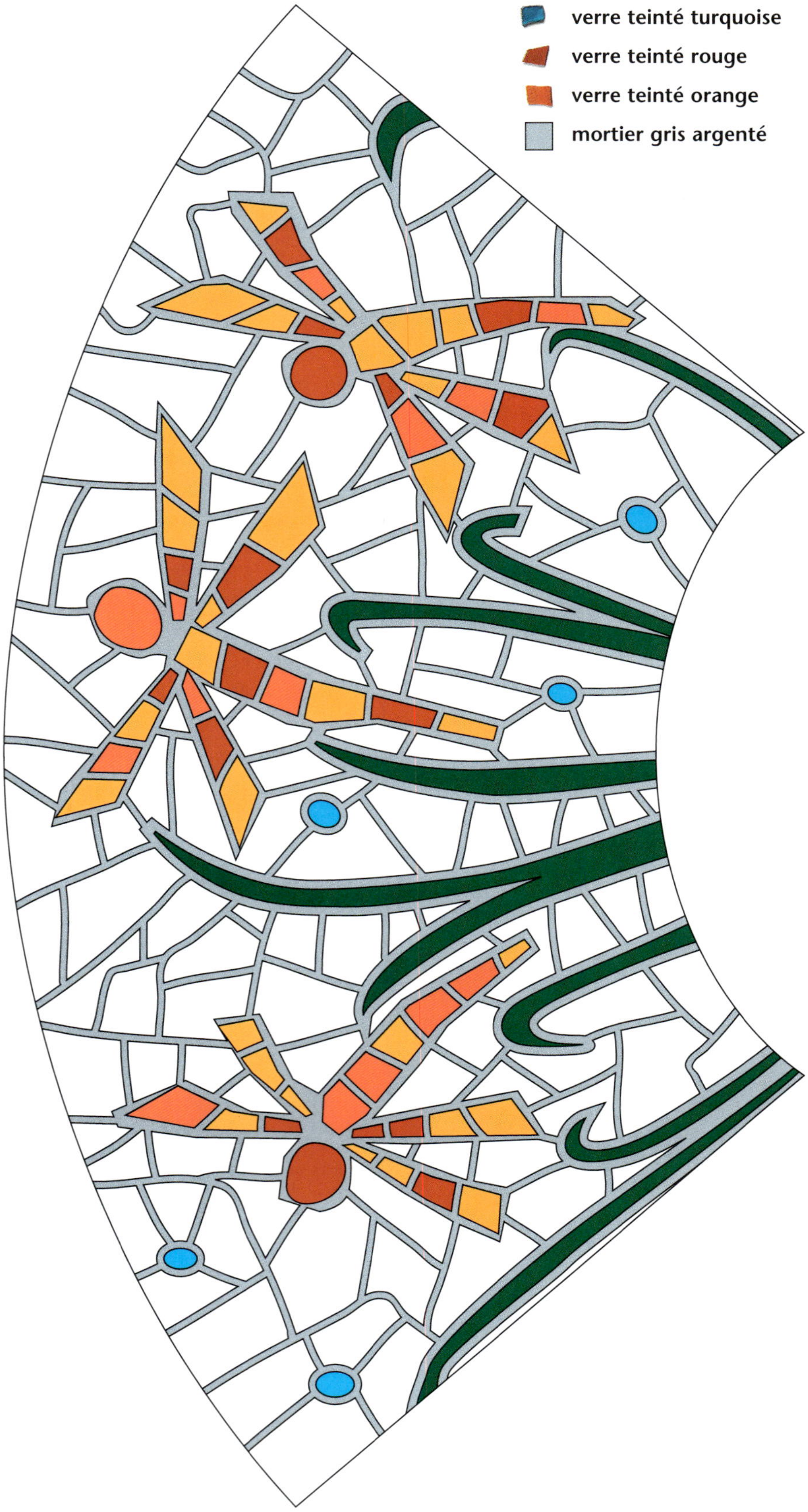

Autres versions

Jouez avec différentes textures de tesselles, utilisez des fragments brillants ou décorés pour les détails, que vous placerez sur un fond aux tons mats et doux afin d'apporter de la netteté et de la profondeur au motif.

Optez pour l'élégance en utilisant de fines tesselles de verre teinté pour les libellules et des coloris « aquatiques » pour le fond.

- mélange de verre teinté blanc et argenté et de pâtes de verre bleues, bleu gris et bleu ciel
- verre teinté rose pâle
- verre teinté orange
- pâtes de verre vert foncé
- mortier gris foncé

- mélange de faïence crème, blanc cassé et gris pâle
- mélange de vaisselle brisée rouge vif, jaune et turquoise
- vaisselle brisée orange
- faïence vert vif
- mortier gris anthracite

Ou choisissez la gaieté et l'éclat de la faïence et de la vaisselle brisée dans un assortiment insolite de couleurs soutenues.

Les couleurs pâles et le motif d'écailles inspiré d'un thème japonais traditionnel se conjuguent pour former un entourage de lavabo et de miroir. Cet ouvrage a été réalisé sur un panneau de bois, mais on peut parfaitement travailler directement sur le mur au-dessus du lavabo.

Écran de protection écailles

Fournitures

papier-calque
crayon
marqueur
grès cérame non vernissé
colle blanche ou jaune
mortier à joints gris
peinture acrylique
panneau de particules
miroir
papier de verre

Matériel

scie sauteuse
masque et lunettes de protection
pince de mosaïste
pince coupe-carreaux
petite truelle
pinceau
raclette en caoutchouc
seau
éponge
chiffon

Modifier et décalquer le motif

Mesurez la largeur du lavabo et la surface du mur où seront posés l'écran et le miroir. Modifiez le motif en conséquence, et décalquez-le sur le panneau de particules, en traçant bien le contour au marqueur.

Couper et préparer le bois

Avec une scie sauteuse, découpez soigneusement le bois le long de la ligne de contour. Poncez les bords au papier de verre et apprêtez la surface avec une solution de colle blanche et d'eau (1 volume de colle pour 4 volumes d'eau). Procédez de la même façon pour les deux côtés du panneau, afin de le protéger de la condensation d'eau et d'empêcher qu'il ne se déforme. Laissez sécher complètement avant de réaliser la mosaïque.

Coller le miroir

Prenez les mesures de l'emplacement du miroir, et faites-le couper par un vitrier professionnel. Fixez le miroir sur le panneau avec une généreuse couche de colle blanche. Pressez fermement et laissez sécher.

Commencer à poser les tesselles

Coupez la faïence en petits carreaux à l'aide du coupe-carreaux (ils pourront être taillés plus précisément ultérieurement), ou utilisez de petits carreaux de faïence prédécoupés. Disposez-les en tas d'une même couleur, et attribuez un numéro à chaque couleur. Inscrivez le numéro des couleurs sur le panneau en fonction du motif. En commençant par la bordure extérieure, posez les tesselles avec une pointe de colle blanche, en travaillant une couleur à la fois. Sans être trop systématique, tâchez de ne pas poser de tesselles de la même couleur côte à côte sur la bordure. Lorsque tous les carrés sont en place sur la bordure, commencez à travailler la partie intérieure.

Terminer le collage et laisser sécher

Avec la pince de mosaïste, rognez les coins des carrés pour leur donner une forme légèrement évasée. Alignez les tesselles en courbe, en suivant le motif. Quand toutes sont collées, laissez sécher la mosaïque toute la nuit avant de la jointoyer.

Préparer un mortier à joints gris

Dans un seau, versez de l'eau sur un mortier en poudre gris jusqu'à obtention d'une consistance de beurre mou. Si vous utilisez un mortier blanc, colorez l'eau avec une teinture ou du pigment à mortier avant de la mélanger à la poudre. N'oubliez pas que le mortier devient plus clair en séchant ; faites un essai préalable.

John Danson

Modèle

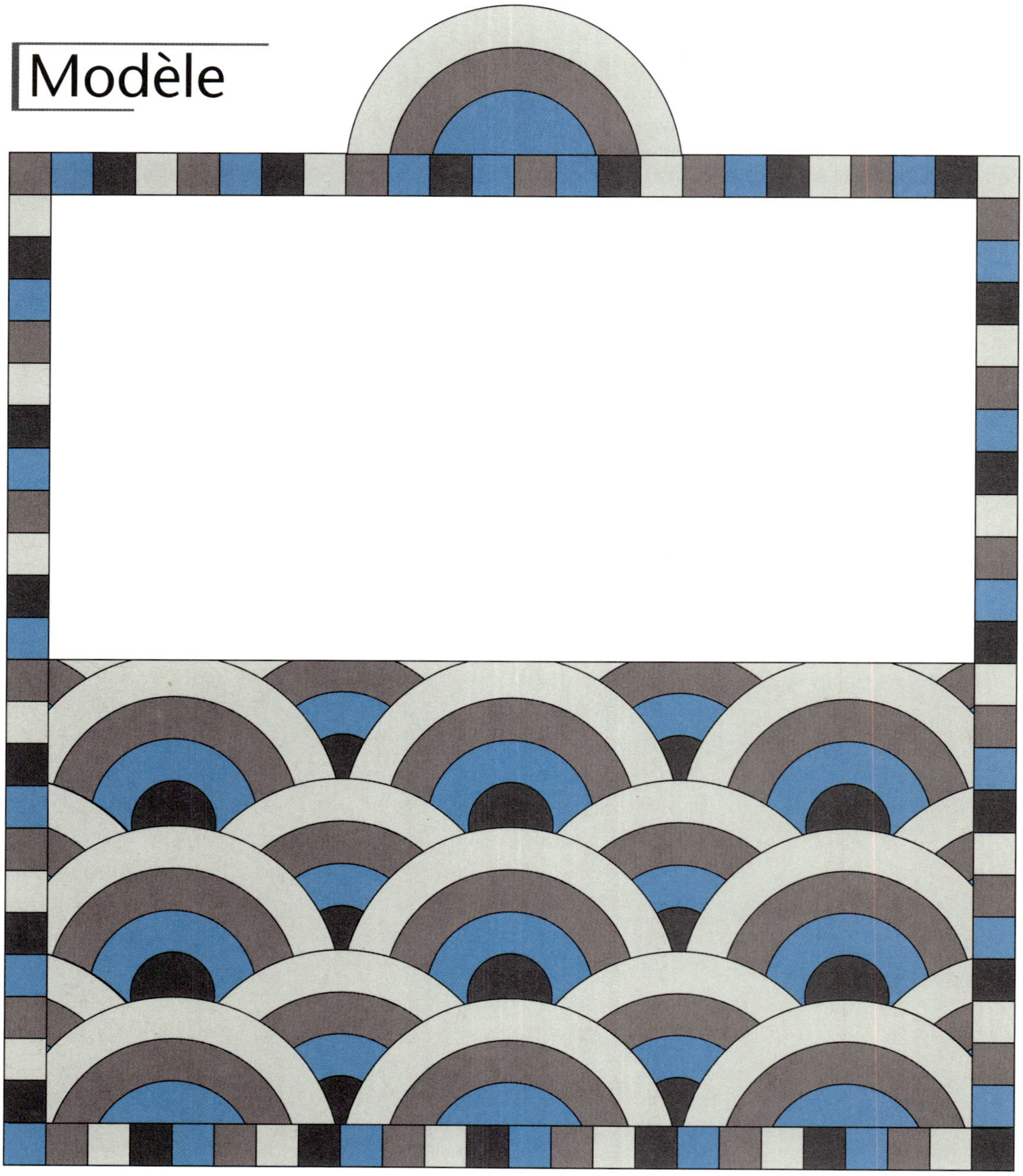

Légendes

carreaux de faïence non vernissée

- gris foncé
- gris moyen
- gris pâle
- bleu-gris

Jointoyer la mosaïque
Étalez le mortier sur la mosaïque avec une petite truelle, en veillant à ne pas rayer le miroir et à bien remplir les joints. Essuyez l'excédent de mortier avec une raclette.

Nettoyer et lustrer la mosaïque
Éliminez les résidus de mortier avec une éponge humide. Quand le mortier est sec au toucher, lustrez la mosaïque avec un chiffon sec et non pelucheux.

ASTUCE Poncez au papier de verre les éventuels résidus de mortier sur le bord de l'écran, afin que toute la surface soit bien lisse. Avec une peinture acrylique assortie à la teinte du mortier – en l'occurrence, un gris pâle –, peignez délicatement les bords du panneau, et laissez sécher avant de le fixer au mur. Vous pouvez aussi utiliser la même peinture que celle des boiseries de votre salle de bains. Dans ce cas, il vous faudra appliquer un apprêt puis deux couches de peinture brillante.

Laisser sécher et fixer au mur
Laissez la mosaïque sécher pendant 48 heures sur une surface plane avant de la fixer au-dessus du lavabo.

Autres versions

Les tons froids et doux des carreaux de faïence non vernissée sont une des variantes possibles pour cet écran de lavabo. Vous pouvez opter pour des coloris assortis à votre salle de bains, et intégrer tout carreau inutilisé.

- violet pâle
- gris pâle
- bleu de cobalt
- violet foncé

Toute association de quatre couleurs conviendra pour ce motif simple. Les teintes choisies ici produisent une douce harmonie.

- bleu pâle
- ocre pâle
- bleu cyan
- gris ardoise

Cette version marie trois tons différents de la même teinte, plus une couleur complémentaire pour apporter un peu de contraste.

Sous l'influence de l'Art nouveau naissant, la mosaïque connaît au début du siècle un regain de popularité, à l'instar d'autres formes d'art décoratif. Explorant divers moyens d'expression, sans avoir forcément recours au figuratif, les artistes font alors de la mosaïque un usage purement décoratif, permettant l'introduction de motifs abstraits et de figures stylisées.

INSPIRATION MODERNE

Antonio Gaudí (1852-1926), peut-être le plus original des architectes du début du XXe siècle, a été un pionnier de l'utilisation de la mosaïque moderne extérieure. Recouvrant de vastes surfaces de fragments de faïence, de pierres colorées, de verre, de carreaux vernissés et de marbre, il crée des effets extraordinaires, annonçant la décoration en mosaïque de sculptures et d'œuvres en trois dimensions. Le parc Güell, à Barcelone, a été transformé par Gaudí en l'une de ses plus originales créations, où des colonnades, des fontaines, des arcades et un long banc public tortueux sont revêtus d'une gamme impressionnante de carreaux de faïence colorés et de fragments d'assiettes brisées. Certains toits et bâtiments de Barcelone sont décorés de la même manière, reflétant la lumière et étincelant sous le soleil.

Gustav Klimt (1862-1918) est un autre artiste et mosaïste majeur de l'époque. Son carton *L'Accomplissement* était destiné aux murs du palais Stoclet de Bruxelles – une longue frise de pierres semi-précieuses, d'émaux et autres matériaux luxueux. De nombreuses œuvres peintes de Klimt évoquent ainsi la mosaïque par leur utilisation de carrés multicolores en une alternance de fonds aux teintes de pierres précieuses et de figures décoratives. Plus tard, d'autres grands artistes, tels Marc Chagall et Oskar Kokoshka, transforment leurs toiles en mosaïques, mais

L'Accomplissement, de Gustav Klimt (1862-1918), est une étude préparatoire pour la frise du palais Stoclet de Bruxelles. Elle utilise des techniques mixtes et associe des formes simples et des motifs stylisés.

Antonio Gaudí a puisé dans la nature pour créer des formes et recouvrir de faïence les surfaces courbes de la loge de gardien du parc Güell, à Barcelone.

il s'agit plus d'une tentative d'associer différents matériaux que d'une exploitation du potentiel de la mosaïque.

L'art de la mosaïque disparaît pendant la Seconde Guerre mondiale, et refait son apparition dans les années 50 et 60 sous forme de décorations architecturales particulièrement ternes, telles que les rues piétonnières et les piscines. Jusqu'au milieu du XXe siècle, des artistes modernes comme Niki de Saint-Phalle (Il Giardino dei Tarocchi, en Toscane), Raymond-Édouard Isidore (la maison Picassiette, à Chartres) et Nek Chand (le Rock Garden, à Chandigarh, en Inde) produisent des œuvres utilisant une grande variété d'objets hétéroclites, de verre et de porcelaine.

Aujourd'hui, avec la production en série de tesselles et l'accès généralisé à des matériaux plus nombreux, les mosaïstes créent des œuvres beaucoup plus novatrices et esthétiques. Ils ne sont plus soumis à certains idéaux : tout est désormais possible, les artistes jouissent d'une liberté totale en la matière. Les œuvres publiques en mosaïque sont devenues monnaie courante : la station de métro de Tottenham Court Road à Londres, par exemple, est richement décorée de mosaïques en smalts, pâtes de verre et faïence, dont les motifs musicaux et mécaniques stimulent chaque jour l'esprit de milliers d'usagers. Depuis quelque temps, la mosaïque fait l'objet d'un certain engouement ; n'étant plus uniquement l'apanage des nantis, elle peut être réalisée et appréciée par tous.

La Fontaine au Lézard, une des nombreuses et extraordinaires mosaïques créées par Gaudí dans les beaux jardins du parc Güell de Barcelone.

L'architecte belge Victor Horta (1861-1947) utilise la mosaïque comme un élément à part entière de ses élégants intérieurs Art nouveau, comme en témoigne ce sol de la maison Van Eetuelde, à Bruxelles.

Thèmes

Personnages, art moderne, architecture, art populaire.

Motifs

Formes et motifs abstraits, couleurs vives.

Matériaux

Assiettes brisées, céramique vernissée, smalts, miroir, perles, capsules.

Objets

Mobilier, bijoux, fontaines, bancs, cheminées.

Lieux

BARCELONE
Parc Güell, Finca Güell, Casa Battlo, Casa Mila, Sagrada Familia (Antonio Gaudí).

INDE
Le Rock Garden à Chandigarh (Nek Chand).

NICE
Faculté de droit de l'université de Nice (Marc Chagall).

LONDRES
Station de métro Tottenham Court Road (Eduardo Paolozzi).

NEW YORK
Lycée William O'Grady à Coney Island (Ben Shahn).

Ces bougeoirs étincelants, au style contemporain, sont un sujet idéal pour débuter. Ils existent dans toutes les tailles, et peuvent s'orner de carreaux brisés, de vieille porcelaine ou de tout autre matériau qui vous inspirera. Ajoutez quelques tesselles réfléchissantes ou brillantes et vous obtiendrez une source de lumière féerique.

Bougeoirs dorés

Fournitures

baguettes de bois ou bougeoirs tout prêts
colle blanche ou jaune
carreaux de faïence multicolores
ciment-colle
mortier à joints blanc en poudre
peinture dorée

Matériel

papier de verre
masque et lunettes de protection
pince coupe-carreaux
pince de mosaïste
couteau à peindre
seau
éponge et chiffons
pinceaux

Préparer les bougeoirs

Trouvez d'abord un socle adapté à vos bougeoirs ; dans le cas présent, le socle a été spécialement façonné sur un tour à bois électrique. Vous pouvez également travailler sur un bougeoir simple, dépourvu d'ornements sur la colonne. Éliminez toute trace de vernis ou de peinture sur la base avec du papier de verre à gros grain, puis appliquez une solution de colle blanche et d'eau (1 volume de colle pour 4 volumes d'eau) au pinceau. Laissez sécher complètement.

Tailler les tesselles

Cassez plusieurs carreaux de faïence de couleurs et motifs différents. Les morceaux doivent être assez petits pour pouvoir être disposés autour de la colonne, mais ne vous souciez pas des formes à ce stade : elles pourront être retaillées ultérieurement. Mélangez toutes vos tesselles en un tas.

Coller les tesselles

Prenez les tesselles au hasard dans le tas, et rognez-les à la forme désirée. Appliquez une pointe de ciment-colle au dos des tesselles avant de les presser fermement sur le bois. En travaillant de haut en bas, décorez une section à la fois, de façon à avoir toujours un appui pendant que vous travaillez. Une fois toutes les tesselles en place, laissez le bougeoir sécher toute la nuit.

Jointoyer les bougeoirs

Préparez le mortier dans un seau ; le mortier blanc est idéal, mais pas obligatoire, car il sera peint ultérieurement. Appliquez le mortier au couteau à peindre, en remplissant bien les joints et en lissant les bords de la colonne. Essuyez l'excédent de mortier avec une éponge humide et, lorsqu'il est sec au toucher, lustrez le bougeoir avec un chiffon sec et non pelucheux. Laissez le bougeoir sécher au moins 48 heures avant de procéder à l'étape suivante.

Steve Wright et Donald Jones

Peindre les bougeoirs
Peignez le mortier avec un pinceau fin et de la peinture dorée (voir Astuce).

ASTUCE

Terminez le bougeoir en appliquant une peinture dorée. Utilisez un pinceau fin pour les joints. C'est un travail assez difficile, mais les coulures de peinture peuvent être facilement éliminées avec un chiffon humide. Laissez la peinture sécher complètement avant d'utiliser le bougeoir. Bien sûr, si vous souhaitez qu'il soit coordonné au thème de couleur de votre pièce, utilisez de la peinture argentée ou autre couleur métallique.

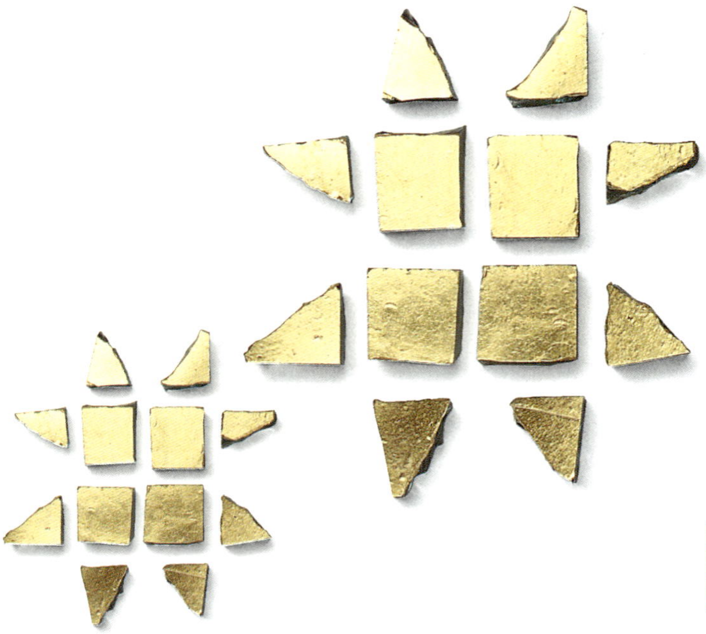

Modèle

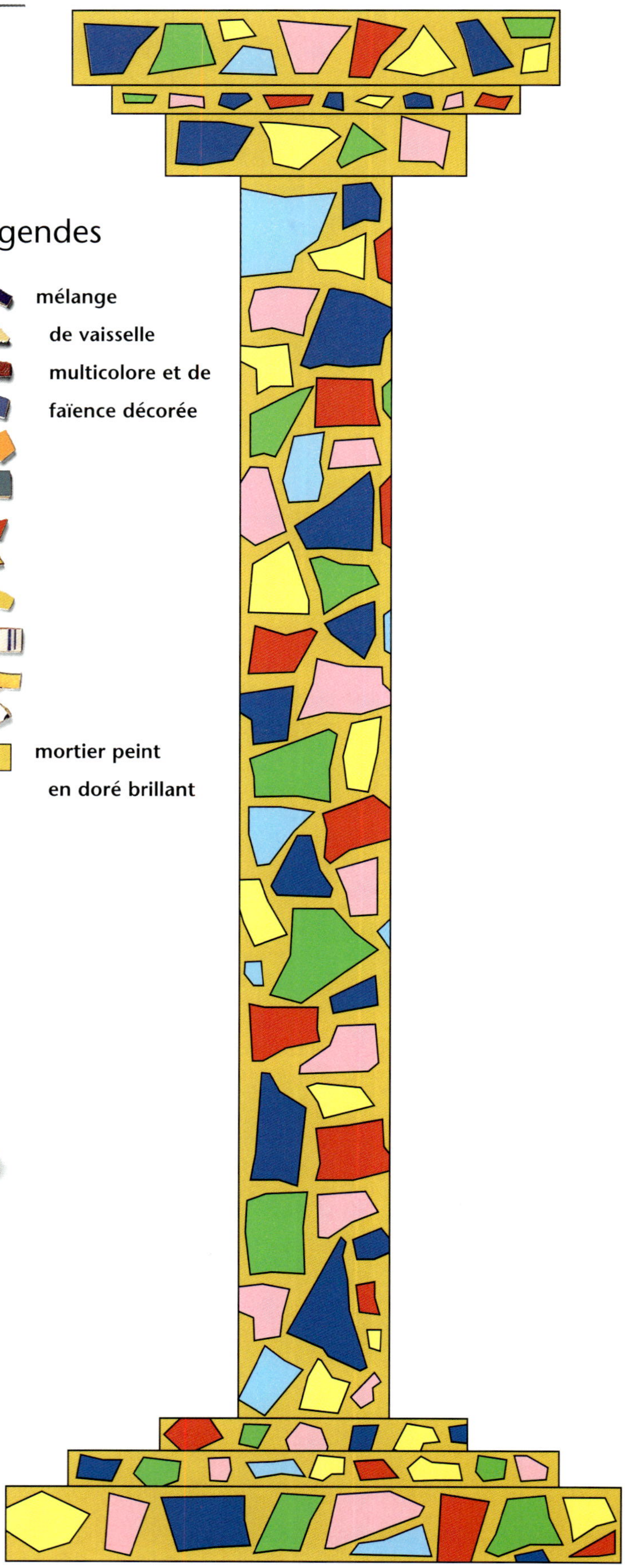

Légendes

mélange de vaisselle multicolore et de faïence décorée

mortier peint en doré brillant

Autres versions

Voici l'occasion de vous montrer vraiment créatif ; cette réalisation ne suivant aucune règle stricte, ni aucun motif particulier, vous pouvez opter pour les thèmes de couleur proposés ou laisser libre cours à votre imagination.

poterie à motifs noirs et mortier blanc

poterie à motifs blancs et mortier noir

L'alternance de mortier blanc et noir sur chaque section du bougeoir est une excellente façon d'exploiter les contrastes.

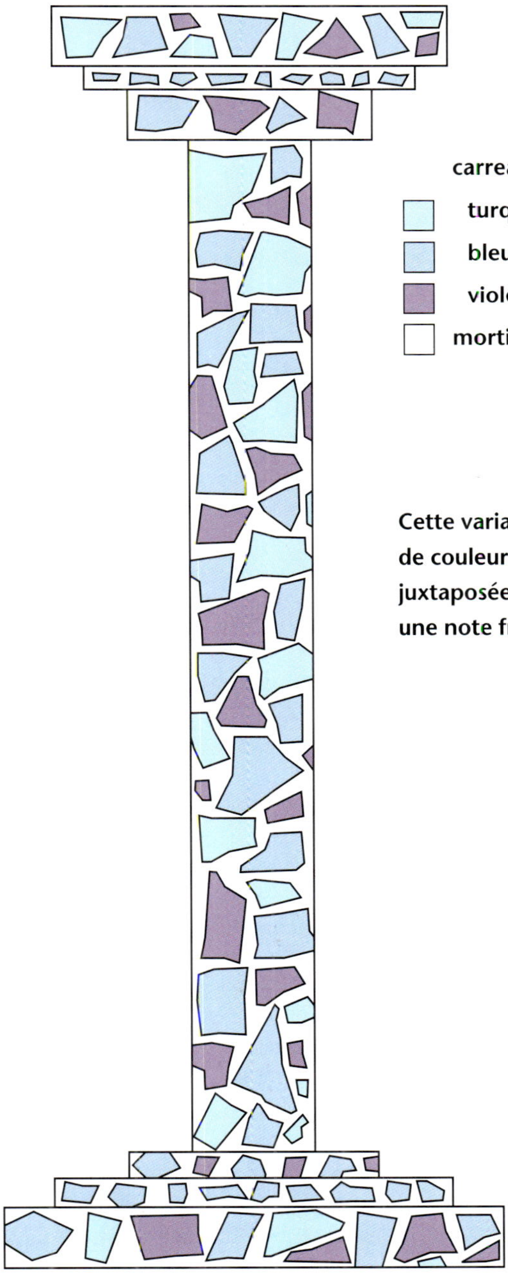

carreaux de faïence

turquoise pâle

bleu clair

violette

mortier blanc

Cette variante utilise un assortiment de couleurs vives et estivales, juxtaposées au hasard pour créer une note fraîche et moderne.

Panneau mural flots bleus

Inspirée d'une peinture originale de l'artiste Susan Goldblatt, cette mosaïque est un voyage à travers le rythme fluctuant des tesselles, évoquant le mouvement de l'eau.

Susan Goldblatt

Fournitures
panneau de particules
colle blanche ou jaune
crayon et marqueur
papier kraft épais
colle à papier peint
pâtes de verre
ciment-colle
mortier à joints fin
planche de soutien

Matériel
masque et lunettes de protection
pince de mosaïste
gants de caoutchouc
seau
pinceau
éponge
spatule crantée
platoir

Avant de commencer

Pour ce projet, il vous faudra deux planches d'aggloméré. L'une servant de support à la mosaïque, et l'autre pour soutenir le papier kraft pendant que vous collez les tesselles. Celle-ci devra être un peu plus grande que la planche de support.

Préparer le support

Entaillez la planche de support avec un cutter, en créant un quadrillage sur toute la surface ; cela favorisera l'adhérence de la colle. Apprêtez la surface avec une solution de colle blanche et d'eau (1 volume de colle pour 4 volumes d'eau), et laissez sécher complètement.

Reporter le motif

Étalez le papier kraft sur la planche de soutien, côté brillant vers vous. N'oubliez pas que vous travaillez selon la méthode indirecte : le motif reporté est inversé par rapport au motif d'origine. Il peut être utile d'avoir les deux versions du motif, le dessin original et le dessin inversé, pour vous aider à coller les tesselles. Reportez le dessin sur le papier au crayon, en traçant nettement les contours et en notant les couleurs aux endroits appropriés.

Coller les tesselles sur le papier

Avec une pince de mosaïste, taillez les tesselles à la forme voulue, et collez la face lisse sur le papier kraft avec une pointe de colle à papier peint appliquée au pinceau.

ASTUCE **Pour reporter le motif sur le papier sans le décalquer, confectionnez deux grilles. Dessinez une première grille sur le modèle, en divisant le dessin en sections carrées. Puis tracez une grille plus large avec le même nombre de carrés sur le papier kraft.**
En travaillant un carré à la fois, recopiez soigneusement le dessin du modèle. Cette méthode favorise une approche personnelle et libre, plus intéressante que la réplique fidèle du modèle.

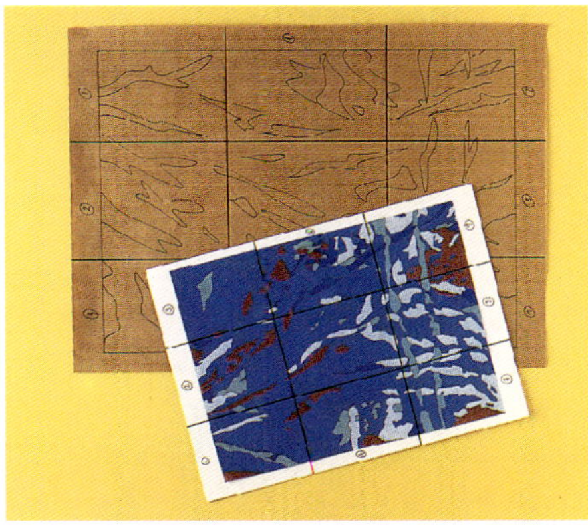

Préparez une solution de colle forte, mais usez-en parcimonieusement pour éviter qu'elle ne transperce le papier et se répande sur la planche.

Espacez les tesselles régulièrement afin de créer une impression de fluidité ; travaillez méthodiquement, en utilisant une

Modèle

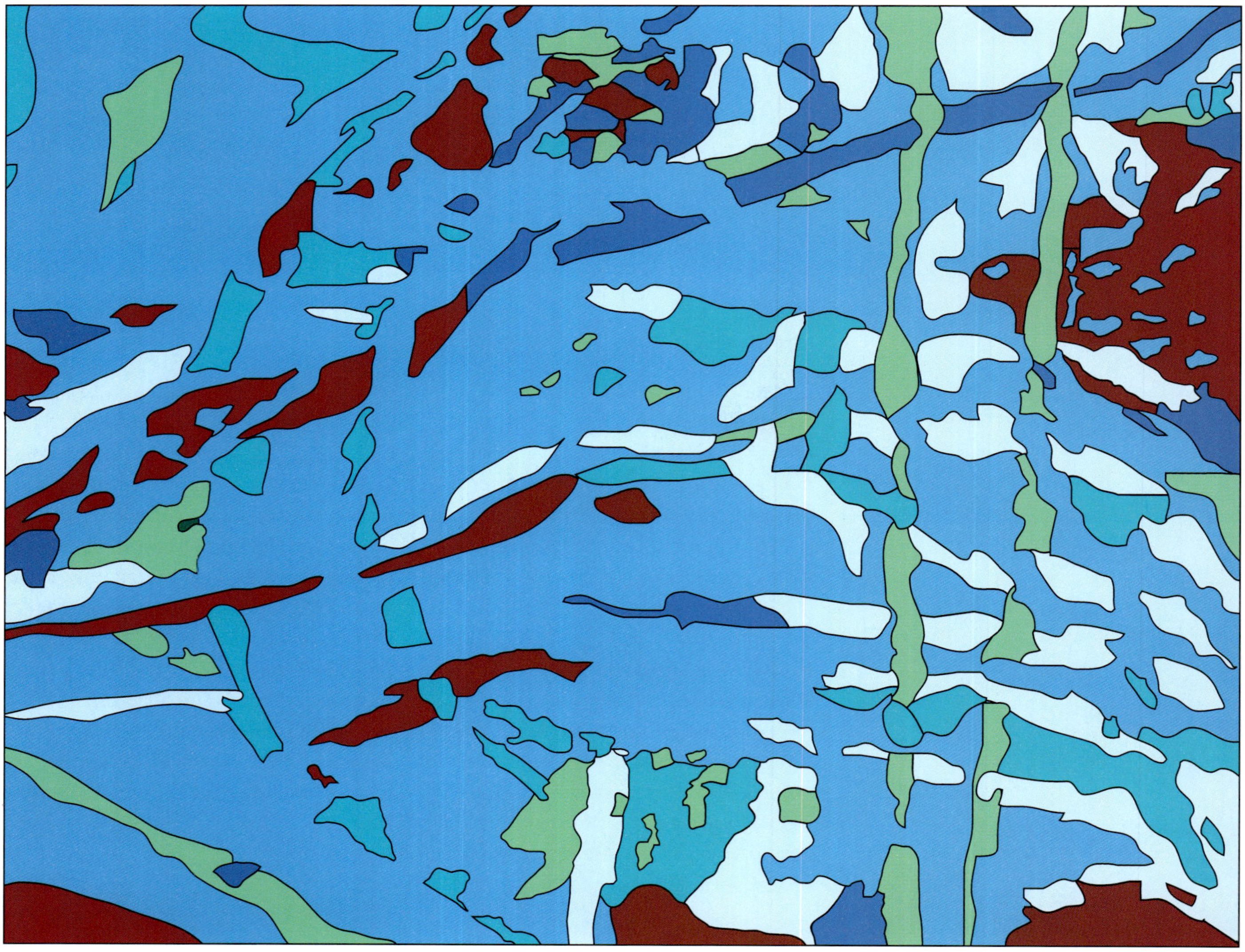

seule couleur à la fois et en vous référant au dessin inversé. Pour ce projet, il n'est pas nécessaire de diviser le papier en sections ; il peut être travaillé en une seule pièce.

Transférer sur le support

Lorsque toutes les tesselles sont en place, enduisez le support de la mosaïque d'une couche de ciment-colle. Étalez-le bien uniformément avec une spatule crantée. Retournez le support (il vous faudra de l'aide, car la planche devient très lourde une fois recouverte de ciment), et posez-le sur la mosaïque. Pressez fort pour le maintenir en place. Retournez de nouveau les planches, et retirez celle qui soutenait le papier, de façon à n'avoir plus que la mosaïque sur son support. Avec un platoir, nivelez la surface de la mosaïque.

Jointoyer

Laissez la mosaïque sécher 3 ou 4 jours avant d'enlever le papier. Humidifiez-le avec une éponge, puis détachez-le en restant bien près de la mosaïque. Retirez les éventuels résidus de papier en les frottant doucement avec une éponge. Jointoyez la mosaïque avec un mortier foncé, qui mettra en valeur les couleurs des tesselles.

Légendes

pâtes de verre

- **bleu marine**
- **turquoise foncé**
- **vert d'eau**
- **vert**
- **bleu pâle**
- **violet**
- **bleu de cobalt**

Autres versions

Choisissez les tons et intensités de couleur en fonction de l'atmosphère que vous souhaitez créer. Les deux variantes proposées ici produisent des effets très différents, selon les groupes de couleurs sélectionnés.

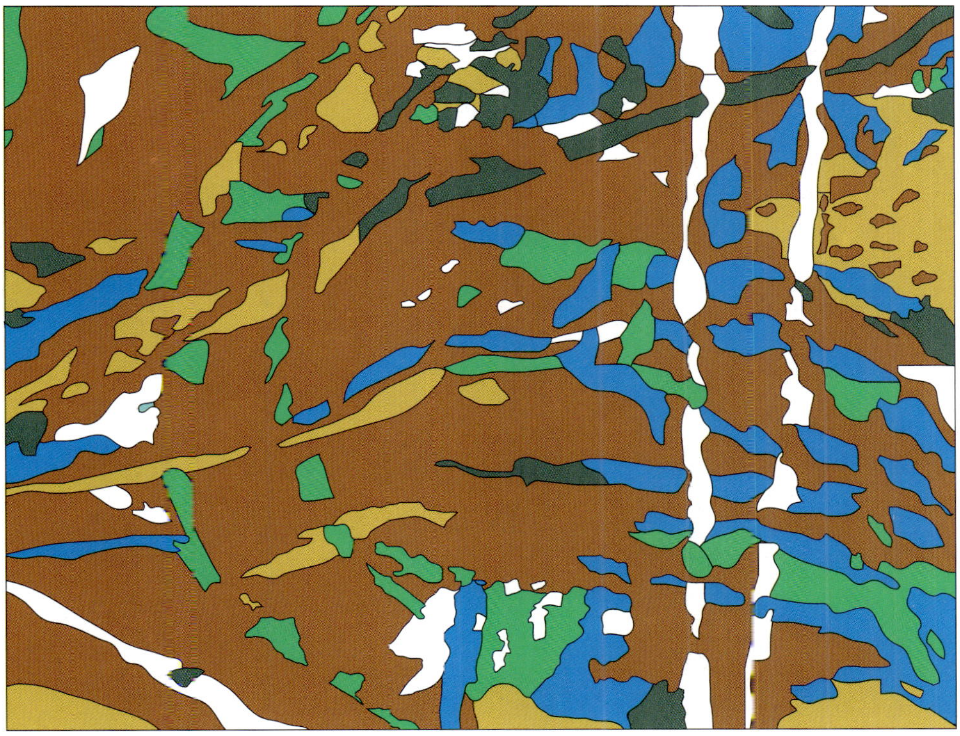

carreaux de faïence

- blanche
- fauve
- rouille
- bleu cyan
- vert vif
- vert foncé

Les couleurs sombres et terreuses ponctuées de rides blanches et vert vif, créent une puissante impression de mouvement et évoquent des courants tourbillonnants.

carreaux de faïence

- blanche
- crème
- bleu ciel
- bleu de cobalt
- vert feuille
- vert foncé

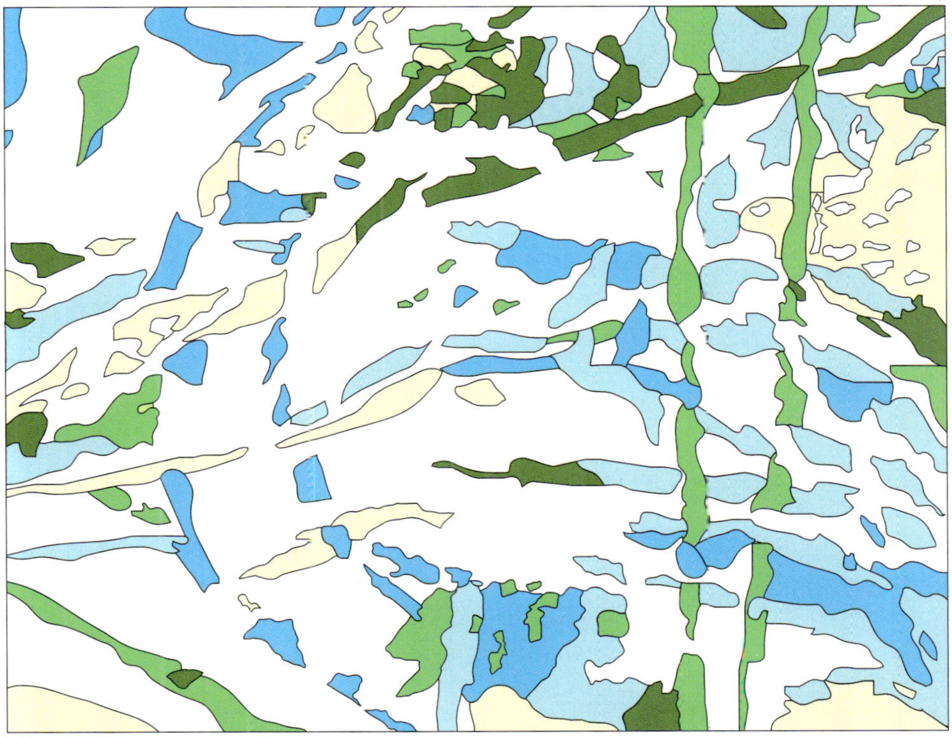

Des bleus marins apaisants, des blancs et des crèmes laiteux... cette version conjugue des tesselles lisses et des couleurs reposantes pour créer une atmosphère totalement différente.

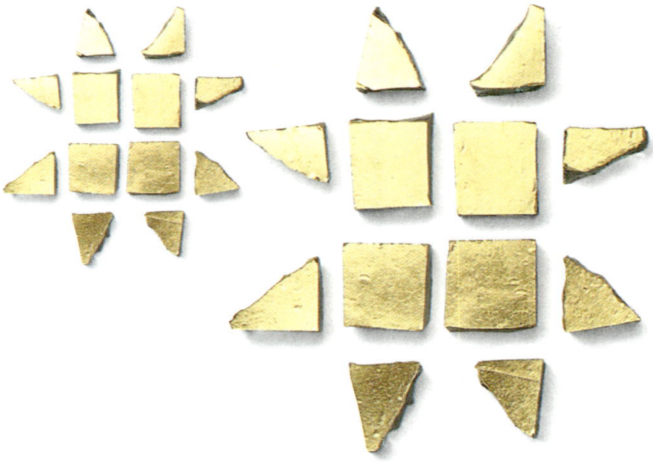

Ce projet, quoique d'envergure, embellira instantanément votre intérieur. C'est également un excellent moyen de recycler une vieille porte. Partiellement recouverte de miroirs, cette porte reçoit beaucoup de lumière et remplira la pièce d'un merveilleux chatoiement.

Porte de toutes les couleurs

Fournitures
miroir
carreaux de faïence
débris de porcelaine
ciment-colle
mortier à joints blanc
ruban à masquer
peinture brillante
colle blanche ou jaune

Matériel
diamant et coupe-verre
pince coupe-carreaux
pince de mosaïste
masque et lunettes de protection
truelle
seau
raclette en caoutchouc
éponge et chiffons
pinceau

ASTUCE **Préparez la surface de la porte en ponçant vieille peinture et vernis. Vous pouvez le faire au papier de verre, mais, pour de grandes surfaces, il est préférable d'utiliser une ponceuse électrique. Couvrez les meubles d'un drap, ouvrez les fenêtres et portez un masque anti-poussière et des lunettes de protection. Faites attention en travaillant autour des poignées et des gonds ; les aspérités et les endroits difficiles à atteindre pourront être terminés au papier de verre.**

Nettoyer la surface
Préparez la surface de la porte en éliminant la peinture ou le vernis, de préférence avec une ponceuse électrique ; inutile de la poncer complètement, il suffit d'ôter la couche brillante. Dépoussiérez et appliquez une solution de colle blanche et d'eau (1 volume de colle pour 4 volumes d'eau). Laissez sécher complètement.

Décorer les panneaux
En commençant par les panneaux centraux, taillez un choix de carreaux de faïence colorés et décorés, de porcelaine brisée et de faïence blanche avec la pince coupe-carreaux et la pince de mosaïste. Rassemblez les morceaux en tas, afin d'y puiser au hasard. Rognez-les en forme et collez-les sur la porte avec le ciment-colle. Laissez sécher pendant que vous vous attelez au reste de la mosaïque.

Ajouter les fragments de miroir
Brisez des feuilles de miroir en plaques de taille raisonnable avant de les couper en tesselles. Soyez très prudent lorsque vous coupez le miroir : portez un masque et des lunettes de protection et travaillez si possible dehors. Collez les tesselles de miroir sur la porte avec la colle

Steve Wright et Marilyn Mansell

de carrelage ; commencez par le bord extérieur et travaillez vers l'intérieur, en alignant le bord droit des tesselles avec le bord de la porte. Utilisez des tesselles plus petites pour le tour de la poignée. Ouvrez la porte au maximum afin d'éviter qu'on ne pose les mains, et laissez-la sécher 48 heures avant de la jointoyer.

Jointoyer la mosaïque

Dans un seau, préparez un mortier blanc ; appliquez-le sur la mosaïque avec une truelle. Travaillez délicatement sur le miroir, car celui-ci se raye facilement. Nettoyez l'excédent de mortier avec une raclette. Travaillez par sections, en commençant par les panneaux de mosaïque centraux et en veillant à ne pas répandre de mortier dans les rainures du bois ; si c'est le cas, éliminez-le rapidement avec une éponge humide. Quand le mortier est sec au toucher, lustrez la mosaïque avec un chiffon sec.

Peindre le bois

Laissez le mortier sécher complètement avant de peindre les moulures et l'encadrement de la porte. Recouvrez la mosaïque de papier journal, en fixant les bords avec du ruban à masquer. Peignez le bois avec de la peinture brillante ou satinée, et ouvrez grand la porte jusqu'à ce que la peinture soit sèche.

Légendes

- faïence multicolore et décorée
- miroir
- faïence blanche
- mortier blanc
- moulures peintes en ocre jaune
- poignée de porte peinte en turquoise

Modèle

Autres versions

Le thème de couleurs pour un projet de cette envergure dépend essentiellement du contexte ; choisissez des coloris coordonnés à ceux de votre pièce, ou montrez-vous audacieux et créez une œuvre tape-à-l'œil, qui fera impression.

- miroir avec mortier blanc
- faïence à motif végétal bleu et blanc
- moulures de porte peintes en bleu
- outremer
- mortier noir
- poignée de porte peinte en blanc brillant

Un résultat étonnant, créé avec un mortier noir autour de carreaux aux motifs subtils. Le mortier blanc bordant les éclats de miroir dans les panneaux centraux offre un contraste très intéressant.

Les moulures de bois aux couleurs vives ajoutent une touche de finition à ce fantastique assortiment de carreaux de faïence et de porcelaine brisée.

carreaux de faïence

- jaune
- vert vif
- bleu moyen
- rose vif
- moulures de porte peintes en vert vif
- mortier bleu pâle
- mortier blanc
- poignée de porte peinte en noir brillant

Cette salle de bains resplendit de mille étincelles. Toute la surface murale est recouverte de milliers de tesselles de miroir. Refermez la porte derrière vous, et les reflets se projettent à l'infini, en fragments étincelants.

Salle de bains miroir

Fournitures
plaques de miroir
colle blanche ou jaune
enduit de rebouchage
ciment-colle
mortier à joints

Matériel
pince coupe-carreaux
masque et lunettes de protection
truelle
seau
gants de caoutchouc
raclette en caoutchouc
papier de verre à grain fin
éponge et chiffons
grattoir

Préparer les surfaces

Un projet de cette ampleur demande beaucoup de temps et de préparation, surtout si vous souhaitez recouvrir entièrement la pièce de mosaïque. Les murs, le plafond et autres surfaces doivent être suffisamment stables pour supporter le poids de la mosaïque. Assurez-vous que les surfaces sont propres et dépoussiérées et que tout problème d'humidité a été résolu avant d'appliquer une solution de colle blanche et d'eau (1 volume de colle pour 1 volume d'eau). Dans ce cas particulier, des professionnels du bâtiment ont recouvert les murs et le plafond de panneaux d'aggloméré servant de support.

Couper les fragments de miroir

Dessinez un plan de la pièce et mesurez la superficie réservée à la mosaïque, afin de calculer la quantité de miroir nécessaire. Coupez des tesselles de miroir et répartissez-les dans plusieurs seaux, chacun contenant une forme et une taille particulières. Manipulez le miroir avec précaution (voir Astuce).

ASTUCE **Coupez les morceaux de miroir à l'extérieur ou dans une pièce aérée. Mettez un masque et des gants de protection, puis coupez les plaques de miroir en fragments de taille raisonnable, avant de les tailler en petites tesselles. Les éclats de verre, souvent à peine visibles, sont très dangereux et ont tendance à jaillir dans tous les sens. Portez des gants très solides pour couper les tesselles et posez-les très précautionneusement pour ne pas vous blesser.**

Commencer par le plafond

Travaillez selon la méthode directe en commençant le long d'un bord. Il est conseillé à ce stade de se faire aider, surtout si vous êtes en équilibre sur une échelle. Veillez à fixer parfaitement les tesselles de miroir au plafond avec du ciment-colle. Posez d'abord les plus gros morceaux, puis remplissez les vides avec de plus petits, en faisant attention aux bords des interrupteurs ou des aérateurs. Laissez sécher complètement avant de jointoyer ; travaillez en attendant sur d'autres parties avant

Fran Soler

Modèle

Légendes

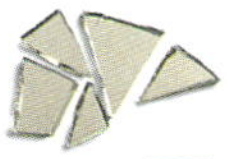
miroir

mortier blanc

Le modèle ci-contre est destiné à servir de guide plutôt que de référence exacte. Si vous travaillez avec des carreaux de faïence colorés, essayez d'équilibrer les couleurs et la taille des tesselles, et disposez régulièrement les carreaux les plus vifs sur la totalité de la surface.

d'y revenir. Le traitement des plafonds nécessite beaucoup de temps et d'efforts physiques – en particulier dans les bras et le cou –, aussi donnez-vous une grande marge pour procéder à cette étape.

Continuer par les murs

Pour les murs, commencez par le haut et travaillez horizontalement. Veillez à ce que toutes les surfaces soient bien lisses au toucher, sans arêtes. Si vous souhaitez poser un miroir « entier » sur le mur, au-dessus du lavabo ou près de la douche, par exemple, faites-le avant de coller la mosaïque. Tous les éléments de salle de bains, tels les porte-serviettes et les étagères, doivent également être installés au préalable.

Terminer par la porte

Éliminez la peinture ou le vernis de la porte par ponçage et comblez les craquelures avec un enduit de rebouchage, afin que la surface soit aussi plane que possible. Appliquez une solution de colle et d'eau, comme précédemment. Faites très attention en posant les tesselles : il faut que la porte puisse s'ouvrir et se refermer sans heurt.

Jointoyer l'ouvrage

Pour de grands chantiers comme celui-ci, utilisez un mortier en poudre déjà coloré, afin d'éviter tout problème d'assortiment de teintes. Commencez par jointoyer la première partie de la pièce que vous avez décorée, et continuez en suivant le même ordre qu'auparavant afin que la colle ait le temps de sécher partout. Appliquez délicatement le mortier avec une truelle, car le miroir se raye facilement. Essuyez l'excédent de mortier avec une raclette. Si les arêtes tranchantes du miroir commencent à abîmer la raclette, éliminez les petites particules de caoutchouc déposées sur les tesselles avec une éponge humide, et lustrez la surface avec un chiffon non pelucheux lorsqu'elle est sèche au toucher.

Poncer les arêtes

Le jointoiement doit être effectué uniformément, afin de former une surface plane partout. Veillez à ce que les coins soient parfaitement lisses et sans aspérités ; s'il reste des arêtes vives, poncez-les doucement au papier de verre fin. Ne décorez pas votre sol de miroir, car le verre n'est pas suffisamment résistant.

Autres versions

Vous pouvez vous montrer aussi exubérant que vous le souhaitez dans l'intimité de votre salle de bains : adoptez des couleurs coordonnées à l'atmosphère que vous voulez créer, des rouges chauds et des roses vifs ou des bleus froids et des blancs purs. Quels que soient vos goûts, tout est permis !

L'association de différents bleus et de teintes bleu vert, aux côtés de tesselles de miroir, confère un aspect marin et frais à toute la pièce.

carreaux de faïence
- blanche
- bleu ciel
- turquoise
- bleu de cobalt
- bleu marine

mortier blanc

carreaux de faïence
- ocre pâle
- terre cuite
- orange
- rose vif
- bleu de cobalt

mortier terre cuite foncée

À l'autre extrémité du spectre, cette variante conjugue des couleurs vives et chaudes pour créer une atmosphère chaleureuse.

Inspiré des riches couleurs et des volutes caractéristiques des œuvres d'artistes du début du XXe siècle, tels Klimt et Toulouse-Lautrec, ce motif redonne vie à un cadre de photo pour le moins ordinaire. Ce décor n'est pas uniquement réservé aux objets quotidiens ; au début du siècle, sous l'influence de l'Art nouveau, tout ce qui pouvait être décoré l'était.

Cadre Art nouveau

Fournitures
cadre
enduit de rebouchage
papier de verre
marqueur
colle blanche ou jaune
smalts d'or
pâtes de verre
pics à cocktail
mortier à joints
peinture dorée

Matériel
masque et lunettes de protection
pince coupe-carreaux
pince de mosaïste
pinceau
raclette en caoutchouc
couteau à peindre
seau
éponge
chiffon sec

Préparer le cadre
Choisissez un cadre doté d'une surface simple et plane. Retirez le support et le verre et rangez-les. Rayez la surface du cadre ou éliminez le vernis avec du papier de verre à gros grain, et appliquez une solution de colle blanche et d'eau (1 volume de colle pour 4 volumes d'eau) au pinceau ; laissez sécher complètement. Si votre cadre présente des rainures ou des motifs incrustés, utilisez un enduit de rebouchage et lissez le tout avec une raclette afin que la surface soit parfaitement plane. Lorsque l'enduit est sec, appliquez une nouvelle couche de solution de colle blanche et d'eau, puis laissez sécher à nouveau.

Reporter le motif sur le cadre
Adaptez le motif aux dimensions de votre cadre. Décalquez-le sur le cadre et tracez les contours au marqueur. Si vous travaillez sur un tout petit cadre, simplifiez le motif au maximum, car plus le motif est petit, plus il est difficile à reproduire.

Réaliser les volutes dorées
Formez les volutes avec des smalts d'or, en les coupant à la taille voulue à l'aide d'une pince de mosaïste. Collez-les avec une pointe de colle blanche. Utilisez un pic à cocktail ou un outil très pointu pour créer des joints réguliers entre les tesselles. Posez toutes les tesselles dorées avant de décorer le fond de tesselles colorées.

Fran Soler

Modèle

Légendes

pâtes de verre

- bleu
- rose pâle
- fauve
- bleu veiné d'or
- vert pâle
- vert d'eau
- vert veiné d'or
- fauve pâle
- gris pâle
- brun
- rose
- gris anthracite

smalts d'or

mortier peint en doré

Jointoyer et lisser la mosaïque
Lorsque toutes les tesselles sont en place, laissez le cadre sécher avant de jointoyer avec un mortier blanc fin. Étalez le mortier délicatement sur la mosaïque avec un couteau à peindre, et lissez-le à la raclette, en veillant à ce que les bords soient bien nets. Éliminez l'excédent de mortier en passant un chiffon humide sur la surface, et lustrez avec un chiffon sec et non pelucheux lorsque le mortier est sec au toucher.

Peindre et assembler le cadre
Laissez sécher 48 heures environ avant de peindre le mortier et les bords du cadre en doré. Assurez-vous que la peinture est complètement sèche avant de fixer le support et le verre.

ASTUCE Lorsqu'on travaille avec des tesselles de très petit format, il est parfois extrêmement difficile de les placer très exactement. Un pic à cocktail (ou tout autre instrument fin et pointu) se révèle utile pour pousser délicatement les tesselles à leur place, ainsi que pour assurer un espacement régulier entre elles.

Autres versions

Des volutes de tesselles chatoyantes contrastant avec un fond plus doux, ou un cocktail de couleurs coordonnées ? Choisissez les tesselles qui mettront le mieux en valeur l'image ou la photographie du cadre.

diverses nuances
de faïence bleue,
dont bleu de cobalt,
bleu moyen,
turquoise foncé,
bleu ciel, bleu nuit
et bleu marine

mortier gris foncé

Cette version « tape-à-l'œil » et tout à fait différente se compose d'étincelantes volutes de miroir sur un fond bleu brillant.

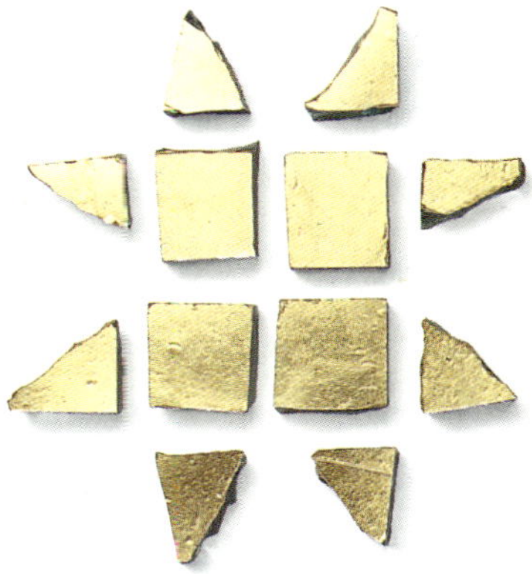

diverses nuances
de faïence aux
couleurs chaudes,
dont orange, brun
orangé, ocre
et jaune

verre teinté rouge

mortier blanc

Faites preuve d'audace en associant des tesselles de verre rouges pour les volutes et un joyeux mélange de faïence orange et jaune vif en guise de fond.

Index

(P) = projet
Les numéros en italiques renvoient aux illustrations artistiques. Les illustrations pratiques, figurant sur presque toutes les pages, ne sont pas indexées.

Crédits

Remerciements
L'éditeur remercie les mosaïstes qui ont fourni les projets de cet ouvrage :

John Danson
Claire Foss
Susan Goldblatt
Katy Hall
Richard Hanson
Donald Jones
Tipper Lewis
Marilyn Mansell
Norma Vondee
Steve Wright

et tout particulièrement l'auteur, Fran Soler, pour son assistance dans la réalisation de ces projets, la démonstration des techniques et la coordination de l'ouvrage.

Les smalts et tesselles des pages 23 à 25 ont été aimablement fournis par
The Mosaics Workshop, Unit B
443-449 Holloway Road
London
GB-N7 6LJ

La marteline et le tranchet de la page 26 ont été aimablement fournis par
Les Clifton
117 Highland Road
Bromley, Kent
GB-BR1 4AA

Crédits photographiques
L'éditeur remercie les institutions et sociétés suivantes qui l'ont autorisé à utiliser leurs photographies dans cet ouvrage :
AKG London : 6 (hg), 7 (hg), 36 (h et b), 87 (b), 104-5 (c), 105 (b) ;
The British Museum, Londres : 55 (c) ;
Clark/Clinch : 18 (c), 105 (hd) ;
e. t. archive : 86 (hd), 87 (h) ;
Pictor Uniphoto : 54 (b) ;
Visual Art Library : 6 (d), 7 (d), 37 (h), 54 (h), 55 (h), 72 (h et b), 73 (h).

h = en haut, c = au centre, b = en bas, g = à gauche, d = à droite

Les autres photographies sont la propriété de Quarto Publishing plc.